# TAKING GERM

110448

Hugo's Advanced Courses

# *Taking* **GERMAN** *Further*

Sigrid Martin-Wünscher & John Martin

Hugo's Language Books Limited

'Taking German Further' is also available in a pack with four cassettes, ISBN 0 85285 272 X

Written by

**Sigrid Martin-Wünscher**
Lecturer in German at the
University of Kent at Canterbury

and

**John Martin**
Senior Fellow in German at the
University of Kent at Canterbury

Edited by Naomi Laredo
Illustrations on pages 19 and 58–9 by Jane Jones

Cover photo (Robert Harding Picture Library): Der Römer, Frankfurt

Set in 10/12 Plantin by
Typesetters Ltd, Hertford
Printed and bound by
Clays Ltd St Ives plc

# Contents

## ACKNOWLEDGEMENTS

The authors would like to thank Joachim Wünscher and Alix Wünscher for a rich and continuous supply from Germany of source material which would not otherwise be easily accessible. They also wish to express their appreciation to Hugo's Language Books for their initial encouragement to write this work and for their patience and understanding in allowing the work to mature at its own pace. Finally, as on previous occasions, the authors are grateful to Naomi Laredo for her editorial guidance.

The authors and publisher would like to acknowledge permission to use the following text extracts and illustrations:

Weather map by Globus-Kartendienst and text by Deutscher Wetterdienst [page 28]
Photograph of Mecklenburg-Vorpommern by Robert Harding Picture Library, London [page 54]
Liselotte Schwiers, *Eine Kindheit in Pommern*, © 1989 Droemer Knaur Verlag, München [pages 62–3]
Ephraim Kishon, *Kishons beste Reisegeschichten*, Langen Müller/Herbig, München [pages 69–70]
Günter Wallraff, *Der Aufmacher*, © 1977, 1982, Verlag Kiepenheuer & Witsch, Köln [pages 79–80 and 84–7]
Rudolf Gerhardt, *Geschichten aus dem Rechtsleben*, Frankfurter Allgemeine Zeitung, 29.1.94 [pages 48–9]
Fritz Damm, *Wir dekorieren! 40 Jahre politischer Witz in der DDR*, 1990, S. Fischer Verlag, Frankfurt am Main [pages 108–9]
Photographs of Sachertorte & Wiener Schnitzel by Austrian National Tourist Office, London [page 110]

# Introduction

## Aims of this course

### An innovative approach

*Taking German Further* follows a wholly innovative approach to extending a basic knowledge of German (i.e. an acquaintance with the fundamentals of German structure and a vocabulary of perhaps 1500 words) so that it becomes a capacity for really sophisticated handling of the language (along with a vocabulary of around 4000 words).

The conventional methodology of intermediate courses is simply to increase the complexity of the material provided for the learner and to let what is learnt emerge from the material. This method yields a lot more vocabulary, but not a lot more understanding of how the language works. Our approach has been to concentrate systematically on the features which are problematic for English-speaking learners of German: word-endings (determined by gender, number, case, tense and person) and the 'little words'. In *Taking German Further* we aim to fill out the initial framework you will have derived from your basic course by teaching clearly, and with a minimum of jargon, the principles behind these features of German.

The 'little words' are the finite groups of words like prepositions, or the even smaller one-, two- or three-word classes like **dessen/deren** (Section 7) and **je** (Section 19). On their own, these classes of words have very little meaning. (Try looking up *some*, *each*, *by*, or *that* in an English monolingual dictionary!) But it is these 'little words' that bind other words into phrases, and phrases into sentences. If you do not know how they work, your performance in a foreign language is no more than guesswork, because all you can do is identify words that *are* easy to look up in a dictionary. It's rather like understanding and speaking in the manner of a badly written telegram, where every extra word costs you money.

8

## German language and culture

In our opinion, language learning should be a serious but not a solemn business. We have tried to offer the widest possible variety of language experience – dialogues, autobiographical extracts, newspaper articles, anecdotes, jokes, humorous sketches, advertisements – and to choose material which is as lively and stimulating as possible. It is not the function of a language course to impart detailed factual information about the German-speaking countries. Such information not only makes for tedium but quickly becomes out of date. We have instead tried to give an impression of some enduring aspects of life in most of the German-speaking countries, and to convey the idea that over the long term a language comes to reflect the society that has generated it.

## Your starting point

In order to benefit fully from *Taking German Further*, you need a grasp of the basic framework of German. We start by asking you to check your present knowledge by means of a light-hearted self-assessment test. If you find that you score less well than expected, you may need to revise the basics. For this purpose, refer back to your basic course or alternatively consult Hugo's *German in Three Months*, which is ideal because it teaches virtually all the structures and principles of German in a jargon-free way. It is especially useful as a companion to *Taking German Further* because it follows the same sequence of looking first at nouns and the cluster of words round them, then at verbs and the cluster round them, and finally at longer structures like phrases and sentences. You will also find it a handy and comprehensive basic reference manual while you are working at *Taking German Further*.

## Grammatical terms

*Taking German Further* is founded on the principle that you should not have to learn a lot of obscure grammatical terms in order to learn German itself. In this book (as in *German in Three Months*) the common-sense terms used to describe what is happening are derived from the way the language itself works. For those learners who have acquired the traditional terms used to describe German, or who know such terms from the formal teaching of English or Latin, we provide a simple key to the grammatical terms at the end of this Introduction.

# How to use *Taking German Further*

## A course for individual or class use

*Taking German Further* is suitable both for the enterprising individual learner (especially with the help of the accompanying cassettes) and for group learning in schools and in further and higher education. Indeed, much of the content of the course is based on materials we have ourselves developed in teaching university students of German.

## The lessons

You should be prepared to spend about ten hours on each lesson. Try to follow the sequence of each lesson as it stands, but when tackling the reading texts you may want to refer back to the numbered explanatory sections. Familiarise yourself as thoroughly as possible with the reading texts, so that you know them almost by heart. The cassettes are an invaluable aid here.

We have provided a large amount of varied, entertaining, and mostly light-hearted practice material, which has been adapted to teach precisely what we want it to. You will start by doing the exercises in your head, but best results will be obtained by finally writing down the answers. This way you have a positive check against the answers provided in the key. For some of the practice material, such as translation and comprehension exercises, there is no single right answer, but the key gives a model answer to guide you.

## The cassettes

The four audio cassettes which are available to accompany the course book include recordings of the reading texts and vocabulary. We strongly recommend that you use the cassettes, as they will make the lessons more interesting and entertaining, as well as helping you to improve your comprehension of spoken German and perfect your own accent.

## Dictionaries

Unlike most basic courses, which contain a mini-dictionary that is sufficient for the needs of the beginner using that particular course, *Taking German Further* expects you to get into the habit of using a dictionary. You should ensure that you have access to a really comprehensive bilingual dictionary such as the *Collins German Dictionary* or the *Oxford Duden German Dictionary*.

# Grammatical terms

Grammatical terms in *Taking German Further* have been kept to a minimum. Where their use was unavoidable we have adopted terms which are more clearly related to everyday English than are the conventional grammatical expressions. The table below explains the terms we have used and gives the traditional equivalents.

| Description and closest example in English | Term used in *T.G.F.* | Abbreviation used in *T.G.F.* | Conventional term |
|---|---|---|---|
| 'Doer' of the action, or focus of the process or state, named by the verb (e.g. *This film* gives me the shivers.) | Subject, therefore in the Subject case | SU (case) | Nominative case |
| Item acted upon directly by the process named by the verb (e.g. This film gives me *the shivers*.) | Direct object, therefore in the Direct Object case | DO (case) | Accusative case |
| Item indirectly affected by the process named by the verb, often a gainer or loser (e.g. This film gives *me* the shivers.) | Indirect object, therefore in the Indirect Object case | IO (case) | Dative case |
| Item possessing another item (e.g. *my father's* aunt) | Possessor, therefore in the Possessor case | PO (case) | Genitive case |

| Description and closest example in English | Term used in *T.G.F.* | Abbreviation used in *T.G.F.* | Conventional term |
|---|---|---|---|
| Indirect or cautious form of a verb (e.g. *could* rather than *can*) | Oblique tense | | Subjunctive mood |
| Verb form used when the grammatical subject is also the subject of the process in 'reality' (e.g. Wagner himself *conducted* the orchestra.) | Logical process | | Active voice |
| Verb form used when the direct object (in 'reality') of a process is turned into the grammatical subject (e.g. The orchestra *was conducted* by Wagner himself.) | Obverse process | | Passive voice |
| Word used to join two complete ideas or sentences (e.g. He is bad tempered *because* he is tired.) | Joiner | | Subordinating conjunction |

| Description and closest example in English | Term used in *T.G.E.* | Abbreviation used in *T.G.E.* | Conventional term |
|---|---|---|---|
| A complete idea introduced, and therefore attached, by a joiner (e.g. He is bad tempered *because he is tired.*) | Attached sentence | | Subordinate clause |
| An incomplete idea, missing some of the features of a sentence and containing only the 'dictionary' form of the verb (e.g. We very much hope *to come to the concert.*) | Verb phrase | | Infinitive phrase |

# Selbstbeurteilung
# Self-assessment

*This is an introductory self-assessment test to put you into the right frame of mind for 'taking your German further'. It will show you where you have got to and what you need to revise. Try it and find out how much you already know.*

*Each exercise has 20 items. Check your answers in the Key to Exercises at the back of the book; if you make more than 6 mistakes in an exercise, you should revise the relevant language point in* Hugo's German in Three Months *or a similar basic course.*

**A** *Are you at home in the present tense? Complete the sentences using the verbs in brackets.*

1  Die Bundesrepublik Deutschland (liegen) in Europa.
2  In München (trinken) man viel Bier.
3  Es (geben) nicht genug Wohnungen.
4  Wir (öffnen) die Tür.
5  Die Frau (stellen) die Flaschen vor die Tür.
6  Die Eltern (legen) einen Fünfzigmarkschein auf den Tisch.
7  Mir (sein) neu, daß du dein Haus (verkaufen).
8  Sie (sein) seit 30 Jahren verheiratet.
9  Mein Bruder (entschuldigen) sich nicht gerne.
10  Die Winterprospekte für Bayern (bieten) gute Preise an.
11  Ich (bezahlen) dieses T-Shirt.
12  Die chemischen Abfälle der Industrie (sein) sehr gefährlich.
13  (Erinnern) ich mich richtig? Du (haben) eine Fischallergie.
14  Ich (gehen) jetzt einkaufen. (Brauchen) du noch Brot?
15  Wir (fahren) übermorgen weg und (haben) ein Doppelzimmer bestellt.
16  Es ist traurig, die ganze Familie (sehen) jeden Abend den ganzen Abend fern. (Haben) du schon die Fernsehzeitung für diese Woche?
17  Sie (finden) ihre Schwiegertochter sehr schwierig.
18  Der Sohn jedoch (lieben) sie, sie (sein) ja auch seine Frau.
19  Ihr (sein) alle große Kaffeetrinker und Kuchenesser!
20  Ihre Meinung (interessieren) mich nicht, aber Sie (entschuldigen) sich sofort bei meinem Freund.

**B** *How apt are your question words? Use them to fill in the gaps.*

1  ___ geht es dir?
2  ___ Wohnung gefällt dir am besten?
3  ___ Gläser Bier hat er heute schon getrunken?
4  ___ Brötchen soll ich kaufen? Vierzehn?
5  ___ wohnt Herr Schmidt?
6  ___ schreiben Sie jetzt einen Brief?
7  ___ ist die hübsche Dame am Fenster?
8  ___ fährt er mit dem Fahrrad, wo er doch ein Auto hat?
9  ___ findest du meinen Kollegen so unsympathisch?
10  ___ für Wetter werden wir morgen haben?
11  ___ soll ich zur Party einladen?
12  ___ Zeitung lesen die meisten Deutschen?
13  ___ kommt zu dem großen Picknick?
14  ___ soll ich heute kochen?
15  ___ Orchester spielt morgen in Hannover?
16  ___ ist die Mayonnaise?
17  ___ gibst du das Buch?
18  ___ fahren wir nach Ägypten?
19  ___ schmeckt Ihnen der Salat?
20  ___ besuchen wir am Wochenende?

**C** *Can you cope with the prepositions?*

| | |
|---|---|
| DO prepositions: (or traditionally 'accusative') | **durch, für, gegen, ohne, um** |
| IO prepositions: (or traditionally 'dative') | **aus, bei, mit, nach, seit, von, zu** |
| DO/IO prepositions: | **an, auf, hinter, in, neben, über, unter, vor, zwischen** |

*Now you will be able to complete the following without any problems at all. (You will find further information about prepositions in* German in Three Months, *pp. 56ff.)*

Ich stehe (1) dem Hotel und weiß, daß das Zimmer (2) eine Nacht zu teuer ist. Was soll ich tun? Ich bin schon (3) Stunden (4) die Straßen der Stadt gegangen und bin sehr müde. (5) dem Hotel ist eine Kneipe; soll ich noch ein Bierchen trinken? Aber dann habe ich noch weniger Geld (6) meinem Portemonnaie …! O, da kommt

ja Fritz (7) der Kneipe. Ich kann mir Geld (8) ihm leihen. So ganz
(9) Geld macht das Leben wirklich keinen Spaß. Ich könnte auch
(10) Kino gehen. Das Kino ist (11) der anderen Seite des Rheins.
Dann muß ich noch (12) die Brücke gehen. Plötzlich steht Fritz
(13) mir (14) einem Freund. „Wie geht's? Kommst du (15) uns
(16) Demo (17) Rassismus?" „Ja!" Ich wollte nicht mehr (18) ein
teures Hotel und auch nicht (19) Hause. Ich wohne nämlich nicht
gerne (20) meiner Tante, und ich habe kein Geld, also
demonstrieren wir.

*Don't be disappointed if this did not go well; it shows you what you have
to catch up on, and you will get a great deal of help from this course. To
cheer you up, a German joke ...*

---

**Deutschunterricht. Die Lehrerin fragt: „Ich komme nicht –
du kommst nicht – er, sie, es kommt nicht: Was bedeutet das?"
Torsten meldet sich: „Daß überhaupt keiner kommt!"**

(Frau im Spiegel)

---

**D** *Do you find German adjective endings terrible? (See* German in
Three Months *p. 68.)*

1 *Just give the definite article (we are helping you by providing* m, f *or*
n *after the noun), the adjective + ending and the noun. For example:*
**die große Angst, das magere Fleisch, der unsympathische
Arzt.** *That should be relatively easy ...*

2 *But now put the phrases first into the DO case and then into the IO
case. It may help you to imagine an appropriate preposition that
requires one of those cases (e.g.* **für** *+ DO and* **mit** *+ IO; see
Exercise C above).*

| | | | |
|---|---|---|---|
| 1 | Angst *f* groß | 11 | Hausschlüssel *m* rostig |
| 2 | Fleisch *n* mager | 12 | Hotel *n* billig |
| 3 | Arzt *m* unsympathisch | 13 | Herz *n* stark |
| 4 | Dame *f* langweilig | 14 | Herbst *m* früh |
| 5 | Doppelzimmer *n* romantisch | 15 | Milch *f* kalt |
| 6 | Einbrecher *m* gefährlich | 16 | Konzert *n* herrlich |
| 7 | Frage *f* persönlich | 17 | Mensch *m* unangenehm |
| 8 | Haustür *f* offen | 18 | Nordsee *f* schmutzig |
| 9 | Freund *m* intelligent | 19 | Verantwortung *f* groß |
| 10 | Fahrrad *n* kaputt | 20 | Wetter *n* schlecht |

16

**E** *Exhausted? Relax: this is not an exercise, but just a reminder of the use of the 'oblique tenses', traditionally called the 'subjunctive', in indirect speech (*German in Three Months *pp. 166 ff.). Here is another joke to illustrate this:*

---

### Kleiderwechsel

Ein Neureicher prahlte, seine Frau ziehe sich am Tag viermal um. Der Geschäftspartner ließ sich nicht beeindrucken *(impress)* und meinte gleichmütig *(unimpressed)*, seine Tochter wechsele am Tag sechsmal die Kleidung *(clothes)*.

„Das ist ja allerhand *(unbelievable)*!" staunte der Neureiche. „Wie alt ist denn Ihre Tochter?"

„Zwei Monate."

(Vlothoer Anzeiger)

---

*If this form appears even in jest, you can imagine it is important, and you will find further examples of it in the reading texts. Now back to work!*

**F** *The pre-present (or, traditionally, the 'perfect'). What do you remember about it? (Read up about the choice between* **sein** *and* **haben** *as the auxiliary verb required to form the pre-present: see* German in Three Months, *p. 95.)*

*Insert into the blank bracket (-) the correct form of the auxiliary you have chosen (***sein** *or* **haben***) and put the appropriate main verb* '**ge -(e)t** *form' (traditionally, the 'past participle') at the end of the sentence to replace the* **-en** *form ('infinitive') in the 2nd bracket.*

Ein 31jähriger Mann (-) in Rotterdam Geld (stehlen)[1]. Er (-) in eine Bank (laufen)[2]. Er (-) eine Pistole in der Hand (haben)[3]. Er (-) etwa 1,90 m groß (sein)[4], er (-) eine athletische Figur (haben)[5]. Und er (-) trotz der Drohung mit der Pistole mit einer Bankangestellten (flirten)[6]. Der Verbrecher (-) etwa 10 Minuten in der Bank (bleiben)[7]. Dann (-) er mit 22 000 Mark (fliehen)[8]. Anschließend (-) er sich Edamer Käse (kaufen)[9] und (-) zum Friseur (gehen)[10]. Mit dem 15 Uhr Zug (-) er nach Amsterdam (fahren)[11], (-) dort einen Freund (treffen)[12] und (-) ihm etwas von dem vielen Geld (geben)[13]. Mit dem nächsten Zug (-) er nach Rotterdam (zurückkommen)[14] und (-) zur Polizei (gehen)[15]. Es (-) nur 135 Mark (fehlen)[16], den Rest (-) er (zurückzahlen)[17]. Diese Geschichte (-) wirklich (passieren)[18]. Der Artikel (-) in einer deutschen Zeitung (stehen)[19]. So etwas (-) noch nie (vorkommen)[20], oder?

**G** *You may remember that certain sentence 'joiners' (traditionally, 'subordinating conjunctions': see* German in Three Months, *pp. 134ff.) have an effect on the verb position.* Here are some common joiners:

**als, bevor, damit, nachdem, obwohl, seitdem, während, weil, wenn, wo**

*And here are examples of their effect:*

(a) **Ich gehe nicht gern in die Stadt, weil ich lieber im Garten bin/sein möchte.**

(b) **Weil ich lieber im Garten bin, gehe ich nicht gern in die Stadt.**

*Join these pairs of short sentences to make 10 sentences, using one of the above joiners. (You will have to be sure of their meaning, of course!) Include all the possible joiners – there may be more than one for each pair of sentences – and make sure that you exhaust the above list. Start by following model (a) above.*

1   Er geht ins Kino.
    Er hat Fieber.
2   Die Familie mußte nach Hause fahren.
    Der Urlaub war noch nicht zu Ende.
3   Ein Einbrecher stand im Wohnzimmer.
    Karl kam nach Hause.
4   Du kochst die Suppe.
    Ich räume die Küche auf.
5   Willi schreibt seinen Essay ganz schnell.
    Er kann (dann) abends in die Disko gehen.
6   Deutschland ist kein ‚Wirtschaftswunderland‘ mehr.
    Es ist seit 1990 vereinigt.
7   Mein Vater spielt viel lieber Klavier.
    Wir hören zu.
8   Die meisten Zimmer im Hause haben Doppelfenster.
    Die Straße ist so laut.
9   Ulrich war am nächsten Tag sehr krank.
    Er hatte am Abend davor zu viel getrunken.
10   Wie kannst du wieder nach Sylt fahren?
    Es ist doch so teuer da.

*To stretch yourself a bit, try to start each of the above pairs with the second sentence (introduced by the joiner) and let the first sentence follow, as in model (b). Always write everything down: you will internalise it better that way.*

*Now complete sentences 11–20 using one of the following joiners, and changing the word order as necessary.*

**daß, ob, wann, warum, was, welch-**

11  Kannst du mir vielleicht sagen, ... wir treffen uns hier?
12  Das Haus ist so teuer, ... wir können es nicht kaufen.
13  Sie weiß nicht, ... er kommt heute nachmittag überhaupt.
14  Es gibt so viele gute Bücher, ... ich weiß einfach nicht, ... ich soll lesen.
15  Herr Meier ist so klug und langweilig, ... keiner hat Lust, ihn zu besuchen.
16  Es ist der Wirtin egal, ... der Student steht morgens auf.
17  Du mußt zuhören, ... der Professor sagt, und nicht einfach einschlafen!
18  Wir haben Sommerferien, Weihnachtsferien und Osterferien. Wir wissen noch nicht, ... wir verbringen in Deutschland.
19  Der Mann ist so unsympathisch; ich weiß nicht, ... du hilfst ihm.
20  Sie haben sich noch nicht entschieden, ... sie kaufen ein neues oder ein gebrauchtes Auto.

**H** *Auxiliary verbs: any idea what they were? (See* German in Three Months, *pp. 77ff.) One auxiliary verb is* **möchte** *(from* **mögen***). Here is a light-hearted example of its use.*

---

### Freche Frage

Die junge Dame kommt ins Sportgeschäft und sagt: „Ich **möchte** ein neues Tenniskleid." Fragt der Verkäufer: „Welcher Art soll es sein? **Möchten** Sie darin spielen – oder **möchten** Sie etwas erleben ...?"

(Frau im Spiegel)

---

*Did you detect any other auxiliary verb apart from* **möchten***?*


*If you found this test really difficult, try it again when you have revised the points that gave you most trouble.*

# Lesetext/Reading text

## Die deutschsprachigen Länder/The German-speaking countries

*We end with a little introduction to the German-speaking countries, which you should be able to understand without too many problems.*

Auf der Landkarte sehen Sie also die Bundesrepublik Deutschland. Dann südöstlich davon Österreich, südwestlich die Schweiz, Liechtenstein im Süden zwischen Österreich und Schweiz und schließlich Luxemburg, das kleine Land im Westen. Ehrlich gesagt, das Deutsch, das man in der Schweiz, in Liechtenstein und Luxemburg hört, ist kaum für die Deutschen in Deutschland verständlich. Es gibt auch deutsche Dialekte in Frankreich (im Elsaß) und in Polen (an der deutschen Grenze), aber das Deutsch hat viele Elemente des Französischen bzw. des Polnischen.

Deshalb wollen wir uns mehr auf Österreich und vor allem auf Deutschland konzentrieren. Das bedeutet nicht, daß all die anderen deutschsprachigen Länder und überhaupt alle Länder nicht auch sehr interessant sind. Aber in diesem Buch haben wir keinen Platz für alles.

Die Bundesrepublik Deutschland hat historisch interessante Epochen hinter sich. Da war das Kaiserreich 1870–1919, die Weimarer Republik 1919–1933, die Hitlerzeit 1933–1945, die Besatzungszeit (die Zeit der britischen, amerikanischen und französischen Zonen) 1945–1949, die Zeit der beiden deutschen Staaten (Bundesrepublik Deutschland und Deutsche Demokratische Republik) 1949–1990 und seit 1990 das vereinte Deutschland unter dem politischen Namen ‚Bundesrepublik Deutschland'.

Das Merkwürdige ist, daß all diese Epochen praktisch isoliert behandelt werden können. Sie haben alle ihre eigene Kultur (Literatur und Kunst). Die Sprache ist im allgemeinen dieselbe, aber jede Epoche hat ihre eigene Terminologie. So gibt es typische Nazi-Ausdrücke oder typische DDR-Ausdrücke, das hat nichts mit Expertensprache zu tun, sondern ist historisch-institutionell. Wir wollen in diesem Buch nicht zu politisch werden, denn nicht jeder ist an Politik interessiert, und außerdem ändert sich eine politische Situation immer.

Was weiß man über Österreich? Neutral, das östlichste ‚westliche' Land, klassische Musik, Alpen, Theater, Gemütlichkeit. Epochen? Ja, die Habsburger vom 16. Jahrhundert bis 1918 (man kennt viele Namen, z.B. Kaiserin Maria Theresia, deren Tochter Marie Antoinette mit Ehemann Ludwig XVI in Frankreich zur Guillotine ging; Kaiser Franz Josef, der ähnlich lange wie Königin Victoria regierte; seine Frau, die berühmte Kaiserin Elisabeth ‚Sissi', die ermordet wurde; deren Sohn Kronprinz Rudolf, der Selbstmord beging; der Neffe Franz Ferdinand, der Kaiser werden sollte, aber dann in Sarajewo ermordet wurde; dadurch begann der erste Weltkrieg). Von 1919 bis 1938 zum ersten Mal Republik, 1938–1945 Teil von Großdeutschland (nicht freiwillig, natürlich), 1945–1955 wie in Deutschland Besatzungszeit, von 1955 bis heute eine unabhängige Republik.

*Haben Sie den Text relativ gut verstanden? Vielleicht mußten Sie ein paar Wörter im Wörterbuch nachgucken? Aber nicht viele, oder? Haben Sie den Sinn verstanden? Sollten wir einige Fragen stellen? Vielleicht später. Sie hatten schon genug Arbeit!*

# Lektion Eins **Wetter und Verkehrsunfälle**
# Lesson One **Weather and road accidents**

---

*In this lesson you will learn a wide variety of set expressions used constantly in everyday life; find out how to understand what is being said about the weather; and become familiar with the type of weather map found in the German press. You will also learn some short cuts to getting the correct plurals of nouns and to putting the required case endings on singular nouns.*

---

(Eulenspiegels Postkartenkalender)

## 1 Common formulaic expressions

In addition to the general everyday greetings which you will already know, there are a number of formulaic expressions in common use which apply to particular situations. These are spoken as a response or reaction either to a situation of which the speaker has just become aware or to what someone has just said.

Formulaic expressions can be classified as follows, according to their function.

**a) Apologising** (often perfunctory)

| | |
|---|---|
| **Entschuldigung!** | (I'm) sorry! |
| **Verzeihung!** | Excuse me! |
| **Entschuldige!** *(familiar)* | I beg your pardon! |
| **Entschuldigen Sie (bitte)!** *(polite)* | |

**b) Regretting**

| | |
|---|---|
| **(Es) tut mir leid!** | I'm (very) sorry! |
| **(Wie) schade!** | (What a) pity! |

**c) Delaying**

| | |
|---|---|
| **Augenblick (mal)!** | |
| **Moment (mal)!** | Just a moment! |
| **Warte mal!** | |

**d) Greeting** (often after longish interval)

| | |
|---|---|
| **Grüß dich, Anton!** *(familiar)* | Nice to see you, Anton! |
| **Hallo, Anton!** | |

**e) Taking leave**

| | |
|---|---|
| **Tschüß!** | Bye! |
| **Mach's gut!** | See you! |
| **Bis dann!** | See you! |
| **(Auf) Wiedersehen!** | Goodbye! |

**f) Expressing hope**

| | |
|---|---|
| **Hoffentlich!** | I (etc.) hope so! |
| **Toi, toi, toi!** | I wish you luck! |
| **Drück den Daumen!** | Keep your fingers crossed! |

**g) Having reservations**

| | |
|---|---|
| **(Aber) trotzdem ...** | Yes, but ... |
| **Immerhin ...** | But still ... |

**h) Rudely dismissive**

| | |
|---|---|
| **Unsinn!** | Nonsense! |
| **Quatsch!** | Rubbish! |

**i) Nonplussed by a question**

| | |
|---|---|
| **(Ich) weiß nicht.** | } I don't know. |
| **Weiß ich nicht.** | |

**j) Reassuring**

| | |
|---|---|
| **(Es) macht nichts.** | } It doesn't matter. |
| **(Es ist) egal.** | |

**k) Disbelieving**

| | |
|---|---|
| **(Das) glaube ich nicht.** | } I can't believe that. |
| **(Das) kann ich mir nicht denken.** | |

**l) Disagreeing**

**(Das) stimmt nicht.**     That's not true.

**m)Not having heard properly**

| | |
|---|---|
| **Wie bitte?** | Pardon (me)? |
| **Was?** *(colloquial)* | What? |
| **Hä?** *(colloquial)* | Eh? |

**n) Outraged**

| | |
|---|---|
| **Wie bitte!** | What do you mean!? |
| **Was sagen Sie da?** | What are you trying to tell me? |
| **Wieso (denn)?** | How come? |

## 2 Plural of nouns

Because German nouns form the plural in a variety of ways, it is unsatisfactory just to guess at the alterations (change of sound – and spelling! – and/or new ending) which have to be made to a singular noun to produce the plural.

Plural forms, especially of masculine and neuter nouns, have to be learnt (along with the gender) when the noun itself is learnt. This is because the plurals of masculines and neuters are unpredictable. However, here are some guidelines which will give you considerable confidence in handling nouns.

## a) Feminine noun plurals

(i) Almost all feminine nouns add **-(e)n** to make the plural (for all cases: SU, DO, IO, PO):

| Singular | | Plural |
|---|---|---|
| die **Farbe** | colour, paint | **Farben** |
| die **Stufe** | step | **Stufen** |
| die **Ein*heit*** | unit | **Einheiten** |
| die **Gelegen*heit*** | opportunity | **Gelegenheiten** |
| die **Ähnlich*keit*** | similarity | **Ähnlichkeiten** |
| die **Freund*schaft*** | friendship | **Freundschaften** |
| die **Nachbar*schaft*** | neighbourhood | **Nachbarschaften** |
| die **Kostbar*keit*** | precious object | **Kostbarkeiten** |
| die **Entlass*ung*** | redundancy | **Entlassungen** |
| die **Führ*ung*** | guided tour | **Führungen** |

NOTE: The endings **-heit**, **-keit**, **-schaft** and **-ung** are sure signs that a noun is feminine, and that it adds **-en** for the plural.

(ii) The main exceptions to (i) are a few nouns in common use which EITHER (only two) just change the first vowel sound

| die **Mutter** | mother | **Mütter** |
|---|---|---|
| die **Tochter** | daughter | **Töchter** |

OR change the vowel sound and add **-e**, such as the following:

| die **Bank** | bench | **Bänke** |
|---|---|---|
| die **Faust** | fist | **Fäuste** |
| die **Frucht** | fruit | **Früchte** |
| die **Hand** | hand | **Hände** |
| die **Kraft** | strength | **Kräfte** |
| die **Kuh** | cow | **Kühe** |
| die **Macht** | power | **Mächte** |
| die **Maus** | mouse | **Mäuse** |
| die **Nuß** | nut | **Nüsse** |
| die **Stadt** | town | **Städte** |
| die **Wand** | wall | **Wände** |
| die **Wurst** | sausage | **Würste** |

The above plural forms apply to the SU, DO and PO cases. For the IO case see **(b)** below.

**b) IO case plurals**

If the SU, DO, PO plural of a masculine or neuter noun does not already end in **-n**, the IO case plural requires an **-n** to be added:

| *Singular* | | *SU, DO, PO plural* | *IO plural* |
|---|---|---|---|
| **das Schiff** | ship | **Schiffe** | **Schiffen** |
| **das Ei** | egg | **Eier** | **Eiern** |

This rule also applies to the few exceptional feminine nouns mentioned in **(a)** (ii).

The IO case plural **-n** is not added to nouns (often from other languages) which have the plural ending **-s**:

| **das Auto** | car | **Autos** | **Autos** |
|---|---|---|---|
| **das Genie** | genius | **Genies** | **Genies** |
| **der Club** | club | **Clubs** | **Clubs** |

# Lesetext 1/Reading text 1

### Fünf Tote durch Orkan über Deutschland

Mit Geschwindigkeiten von bis zu 180 Kilometern in der Stunde ist in der Nacht zum Freitag das Sturmtief ‚Lore' über Europa hinweggezogen. In Deutschland kamen fünf Personen bei wetterbedingten Verkehrsunfällen ums Leben, mehrere andere wurden schwer verletzt. Es entstanden Schäden in Millionenhöhe. Tausende von Pendlern kamen zu spät zur Arbeit, weil Straßen und Bahnstrecken durch entwurzelte Bäume blockiert waren. Von Norden her begann am Morgen dazu noch dichter Schneefall, der in den deutschen Mittelgebirgen zu Straßenglätte führte. An der Küste mußte der Fährverkehr mit Dänemark eingestellt werden. Auch in den Niederlanden, Belgien, Frankreich und der Schweiz gab es während der Orkanböen Todesopfer. Für das Wochenende erwarteten die Meteorologen wechselhaftes Wetter in Deutschland.

(Frankfurter Allgemeine Zeitung)

## Übungen/Practice

**A** *Use a dictionary if necessary to find the English equivalents of the following vocabulary.*

*Wettervokabular*

der Orkan
das Sturmtief
    wetterbedingt
der Schneefall
die Straßenglätte
die Bö
der Meteorologe
    wechselhaft
das Wetter

**B** *To practise the plural (and IO case):*

1 *Make a list in sequence of all the singular nouns (except names) in the text. Then, using your dictionary, write down their gender, meaning and plural form.*
2 *Do the same with the plural nouns, but writing down the singular.*
3 *Which nouns have the additional* **-n** *for IO case plural?*

**C** *You should now be quite familiar with the text and able to answer the following three questions (in German, of course!) without problems:*

1 Worauf beziehen sich die Zahlen 180, fünf, Millionenhöhe, Tausende?
2 Entwurzelte Bäume blockierten was?
3 Fuhren wenigstens die Fähren noch nach Dänemark?

*The answers to the exercises are in the key at the back of the book.*

# Lesetext 2/Reading text 2

## Die Wettervorhersage

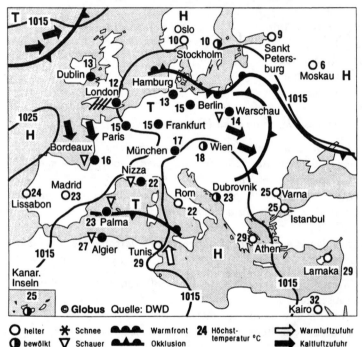

# Weiterhin wechselhaft mit vereinzelten Schauern

### Vorhersage für heute mittag, 27. September

|  |  | | | | |
|---|---|---|---|---|---|
| O | heiter | ✳ Schnee | ▲▲▲ Warmfront | 24 Höchsttemperatur °C | ⇨ Warmluftzufuhr |
| ◑ | bewölkt | ▽ Schauer | ▲▲▲ Okklusion | | ⇨ Kaltluftzufuhr |
| ● | bedeckt | ⚡ Gewitter | ▲▲▲ Kaltfront | H Hoch- bzw. Tiefdruckzentrum | ⇨ Kaltluft i.d. Höhe |
| ⊖ | Nebel | //// Regen | | T | ∿ Isobaren in hPa |

**Die Lage:** Ein Tiefdruckgebiet mit Schwerpunkt über der Nordsee beeinflußt das Wetter in ganz Deutschland. In seinem Bereich fließt sehr kühle Meeresluft ein, die das Wetter unbeständig gestaltet.
**Die Vorhersage für heute:** Es wechselt rasch zwischen aufgelockerter und stärkerer Bewölkung. Zeitweise kommt es zu Schauern. Ein schwacher bis mäßiger Wind weht aus westlichen Richtungen. Die Höchsttemperatur liegt bei 12 bis 17 Grad. Nachts Temperaturrückgang auf sechs bis elf Grad.
**Weitere Aussichten für morgen:** Es bleibt wechselnd bewölkt mit einzelnen Schauern und weiterhin kühler Luft.

(GLOBUS-Kartendienst/Deutscher Wetterdienst)

---

### *Übung/Practice*

**D** *Answer these questions about the weather in Germany today and tomorrow:*

1  Scheint die Sonne?
2  Wie kalt wird es in der Nacht?
3  Aus welcher Richtung kommt der Wind?

---

## 3  PO case ending for neuter/masculine

All neuter nouns, and all but a few masculine nouns, require **-(e)s** to be added for the PO case of the singular. The **-e-** is inserted mostly with nouns of one syllable, and is generally optional. However, if the noun ends in **-s**, **-sch**, **-ß**, **-st** or **-z**, the **-e-** is obligatory.

| *SU singular* | | *PO singular* |
|---|---|---|
| **der Schuh** | shoe | **Schuh(e)s** |
| **das Bett** | bed | **Bett(e)s** |
| **der Vater** | father | **Vaters** |
| **der Wagen** | car | **Wagens** |
| **das Haus** | house | **Hauses** |
| **der Schweiß** | sweat | **Schweißes** |
| **der Mist** | dung | **Mistes** |
| **das Holz** | wood | **Holzes** |

The best procedure, if you are in doubt about the **-e-**, is to produce what seems to be pronounceable.

## 4  Uniform *-(e)n* ending for some masculine nouns

There is a large group of masculine nouns which require **-(e)n** to be added for the DO, IO and PO cases singular and for all cases in the plural. These nouns do not add **-(e)s** in the PO case singular. They should be learnt in three sub-groups:

**a)** Masculine forms of nationality names ending in **-e**

| SU singular | | DO, IO, PO singular<br>SU, DO, IO, PO plural |
|---|---|---|
| **der Brite** | Briton | **Briten** |
| **der Chinese** | Chinese/Chinaman | **Chinesen** |
| **der Däne** | Dane | **Dänen** |
| **der Franzose** | Frenchman | **Franzosen** |
| **der Grieche** | Greek | **Griechen** |
| **der Jude** | Jew | **Juden** |
| **der Pole** | Pole | **Polen** |
| **der Russe** | Russian | **Russen** |
| **der Schotte** | Scot | **Schotten** |
| **der Schwede** | Swede | **Schweden** |
| **der Türke** | Turk | **Türken** |

**b)** 'Imported' nouns like the following

| | | |
|---|---|---|
| **der Prob*and*** | probationer | **Probanden** |
| **der Mand*ant*** | client | **Mandanten** |
| **der Photo*graph*** | photographer | **Photographen** |
| **der Sold*at*** | soldier | **Soldaten** |
| **der Stud*ent*** | student | **Studenten** |
| **der Cell*ist*** | cellist | **Cellisten** |
| **der Demo*krat*** | democrat | **Demokraten** |

You can be fairly sure that words you recognise from English (or French) ending with **-and, -ant, -aph, -at, -ent, -ist, -krat** will be in this group.

**c)** A number of miscellaneous but common (and therefore indispensable) nouns

(i) Some – like the nationalities in **(a)** – which end in **-e**:

| | | |
|---|---|---|
| **der Ehegatte** | spouse | **Ehegatten** |
| **der Junge** | boy | **Jungen** |
| **der Kunde** | customer | **Kunden** |
| **der Matrose** | sailor | **Matrosen** |
| **der Zeuge** | witness | **Zeugen** |

(ii) The following oddities:

| | | |
|---|---|---|
| **der Bauer** | farmer | **Bauern** |
| **der Mensch** | human being | **Menschen** |
| **der Nachbar** | neighbour | **Nachbarn** |

(iii) The following even odder oddity:

**der Herr** gentleman **Herrn** *(DO, IO, PO singular)*
**Herren** *(SU, DO, IO, PO plural)*

(iv) To complicate matters still further – but unavoidably so, because these nouns are quite frequently used – the following five masculines require **-n** to be added as in **(a)** and **(c)** (i), but with the difference that **-s** is also added in the PO case singular:

| | | |
|---|---|---|
| **der Buchstabe** | letter (of alphabet) | **Buchstaben(s)** |
| **der Gedanke** | thought | **Gedanken(s)** |
| **der Glaube** | belief | **Glauben(s)** |
| **der Name** | name | **Namen(s)** |
| **der Wille** | will | **Willen(s)** |

NOTE: The important neuter noun **das Herz** *(heart)* does not add any ending for the SU and DO cases singular, but has **-ens** in the PO case singular and **-en** in the IO case singular and in all cases in the plural.

---

### *Übungen/Practice*

**E** *Complete these sentences with the PO case endings for neuter/masculine.*

1 Die Praxis d__ Arzt__ ist sehr modern.
2 Die Frau mein__ Bruder__ ist schwierig.
3 Die Trinksucht uns__ Vater__ macht uns alle kaputt.
4 Die Höhe sein__ Gehalt__ ist unglaublich.
5 Die Führung ein__ Staat__ kann nicht einfach sein.
6 Das Geräusch d__ Motor__ gefällt mir überhaupt nicht.
7 Mit Hilfe ein__ Messer__ bedrohte er seine Opfer.
8 Nessy ist das Seegespenst d__ See__ Loch Ness.
9 Die Mutter plädierte für die Unschuld ihr__ Sohn__.

**F** *Insert the missing letters, where necessary, for these masculine nouns which take the uniform* **-(e)n** *ending.*

Meine Damen und Herr__!

Als Demokrat__ sage ich Ihnen, man soll d__ Demokrat__ *(plural)* nicht glauben. Haben Sie schon einmal ein__ Demokrat__ erlebt, der die Wahrheit spricht? Gucken Sie sich d__ Demokrat__ *(pl)* in Amerika an. Da sind mir d__ Kommunist__ *(pl)* fast schon lieber, obwohl man sich vor d__ Stalinist__ *(pl)* in acht nehmen muß. Ein__ Trotzkyist__ gibt es wohl nicht mehr. Aber auch d__ Jude__ haben ein problemreiches Leben. Entweder man behandelt sie wie d__ Türke__ oder Kurde__, weil sie aus dem Nahen Osten stammen, oder wie d__ Deutsch__, Russe__ und Pole__, weil sie vielleicht früher einmal mit d__ Deutsch__, Russe__ oder Pole__ in der gleichen Stadt gelebt haben. Man muß allerdings auch sagen, daß die Europäer, vor allem auch d__ Franzose__, nicht viel übrig haben für d__ Brite__ und Schotte__ und Ire__, weil sie denken, daß sie sowieso alle Engländer sind, mit anderen Worten: insular und unenthusiastisch, was die Europäische Union angeht.

Ich sah eben den Finger von d__ jungen Herr__ in der ersten Reihe. Aha, Sie sprechen im Name__ d__ Bauer__, die Ihre Nachbar__ sind. Sie sprechen mir aus d__ Herz__. Ich bin in Gedanke__ *(pl)* ganz Ihrer Meinung. Sie haben recht. In vieler Hinsicht werden ganze Berufszweige nicht als Mensch__ betrachtet, sondern als Nummern. Sie alle sind Zeuge__ mein__ Glaube__ an die Demokratie, wie ich im ersten Satz schon sagte, aber leider sehe ich oft die Buchstabe__ des Gesetzbuches und deren Interpretation und weiß, daß wir als Bürger zwar d__ Wille__ haben, nur das beste für d__ Mensch__ dieses Staates zu wollen, aber wir haben ja keine eigentliche Macht.

Ich bedanke mich bei d__ Photograph__, daß sie ihre Arbeit so unauffällig gemacht haben und bei Ihnen, meine Damen und Herr__, für Ihre Aufmerksamkeit.

# Lesetext 3/Reading text 3

## Eine merkwürdige Begegnung

*Er*   Mensch, hallo, grüß dich, ich habe dich schon so lange nicht mehr gesehen. Wo warst du denn die ganze Zeit?

*Sie*   Augenblick mal, wir kennen uns doch gar nicht!

*Er*   Unsinn! Wir waren doch in der Disko mit Henrich und Susi vor ein paar Monaten.

*Sie*   Wie bitte!? Was für eine Disko? Das stimmt doch alles gar nicht!

*Er*   Was? Du kannst dich wirklich nicht erinnern? Die Disko ‚No-Frust‘ natürlich.

*Sie*   Quatsch, die kenne ich doch gar nicht.

*Er*   Aber ich kann mich so gut an den Abend erinnern, was ist denn bloß los mit dir? Nur an deinen Namen kann ich mich nicht ganz erinnern. War es Heike oder Heide oder Heidi?

*Sie*   Ach so, ja, das ist meine Zwillingsschwester. Jetzt ist mir alles klar.

*Er*   Mensch, das tut mir jetzt aber leid. Mit einer Zwillingsschwester konnte ich nicht rechnen.

*Sie*   Macht nichts. Ich werde ihr alles von heute erzählen. Wie heißen Sie denn? Und vielleicht geben Sie mir noch Ihre Telefonnummer?

*Er*   O ja, natürlich. Hoffentlich ruft sie mich mal an! Also, tschüß!

*Sie*   Ja, Wiedersehen!

# Lektion Zwei **Bier, Kneipen und Rauchen**
# Lesson Two **Lager, pubs and smoking**

---

*In this lesson you will discover a conflict between progressive thinking about the smoking habit and traditional ideas of German 'Gemütlichkeit' – and penetrate the mysteries of German beer and bar culture.*

*You will meet some important English plural words which have a singular form in German, and a few German plurals which are singular in English. You will also learn how to indicate possession.*

---

## 5 English–German plural–singular mismatch

Some nouns are always plural in English (e.g. *scissors, trousers*). To refer to more than one we have to use '*... pairs of ...*' (e.g. *three pairs of trousers*). These nouns are singular in German, so to refer to more than one you simply put them in the plural.

|  |  |
|---|---|
| binoculars | **das Fernglas ("-er)** |
| braces | **der Hosenträger (-)** |
| glasses/spectacles | **die Brille (-n)** |
| pincers | **die Kneifzange (-n)** |
| pliers | **die Zange (-n)** |
| pyjamas | { **der Schlafanzug ("-e)** <br> **der Pyjama (-s)** |
| scales | **die Waage (-n)** |
| scissors | **die Schere (-n)** |
| shears | **die Gartenschere (-n)** |
| sunglasses | **die Sonnenbrille (-n)** |
| suspenders | **der Strumpfhalter (-)** |
| tights | **die Strumpfhose (-n)** |
| tongs | **die Zange (-n)** |
| trousers | **die Hose (-n)** |
| tweezers | **die Pinzette (-n)** |
| *but* jeans | **die Jeans** *(plural)* |
| shorts | **die Shorts** *(plural)* |

When using these words, take care, when only one item is meant, to make the **d..-** or **ein**-type word, the adjective, the noun itself and any associated verb singular:

**Meine neue Sonnenbrille ist weg!**
My new sunglasses have gone!

**Kannst du mir deine Schere leihen?**
Can you lend me your scissors?

**Wo ist eure Waage? Ich muß wissen, was ich wiege.**
Where are your scales? I need to know how much I weigh.

**Nimm doch den Splitter mit einer Pinzette heraus!**
Take the splinter out with (a pair of) tweezers!

## 6 English–German singular–plural mismatch

Some singular nouns in English are usually or always in the plural in German, at least when they are used with the same meaning as the English. Sometimes the German word can also be used in the singular to mean something different. For instance:

**Marie wäscht gerade ihre Haare.** *(plural)*
Marie is just washing her hair.

**Da ist ja ein Haar** *(singular)* **in meiner Suppe!**
There's a hair in my soup!

Here are the most important such nouns. Those which, like **Haar**, possess a singular form are asterisked, and the gender is shown. Check the meaning of the singular forms in your dictionary.

| | |
|---|---|
| charge, expenses | **Spesen** |
| cost | **Kosten/Unkosten** |
| food | **Lebensmittel** *(\*n, usually plural)* |
| furniture | **Möbel** *(\*n)* |
| hair | **Haare** *(\*n)* |
| honeymoon | **Flitterwochen** *(Woche \*f)* |
| interest | **Zinsen** *(\*m, usually plural)* |
| knowledge | **Kenntnisse** *(\*f)* |
| progress | **Fortschritte** *(\*m)* |
| (immovable) property, real estate | **Immobilien** |
| situation, condition, circumstances | **Verhältnisse** *(\*n)* |

---

### *Übung/Practice*

**A** *Read this text and then translate it.*

Herr Schmidt lebt in guten **Verhältnissen**, er handelt mit **Lebensmitteln, Möbeln** und **Immobilien**. Er ist erfolgreicher Kaufmann, der hohe **Spesen** bekommt, keine **Unkosten** hat und seine **Flitterwochen** mit den **Zinsen** seines Verdienstes bezahlen kann. Um das zu schaffen, braucht man die nötigen **Kenntnisse**. Leider hat er durch diese viele Arbeit graue **Haare** bekommen. Aber immerhin ist sein letztes **Verhältnis\*** nun seine Ehefrau, mit der er die **Flitterwochen** hatte.

\*NOTE: The singular form of this word has a totally different sense, and it is important to know the meaning, particularly for business people ...

---

## 7 An alternative for 'his', 'her', 'its', 'their'

You will probably be familiar with the following **ein**-type possessor words:

**Franz hat *seine* Schlüssel verlegt.**
Franz has mislaid his keys (i.e. Franz's keys).

**Elke und Franz holen *ihre* Fahrräder.**
Elke and Franz are getting their bicycles.

Now see the usefulness of **dessen/deren**, especially when statements involve more participants than the above:

**Franz hat Heinz besucht und hat seine Schlüssel verlegt.**
Franz has visited Heinz and mislaid his keys.
(ambiguous: whose keys? Franz's? Heinz's?)

**Franz hat Heinz besucht und hat *dessen* Schlüssel verlegt.**
(unambiguous: he has mislaid Heinz's keys)

**Elke und Peter spielen mit den Nachbarkindern; sie wollen ihre Farräder aus dem Schuppen holen.**
Elke and Peter are playing with the next-door children; they want to fetch their bicycles from the shed.
(ambiguous: whose bicycles? Elke's and Peter's? the next-door children's?)

**Elke und Peter spielen mit den Nachbarkindern; sie wollen *deren* Fahrräder aus dem Schuppen holen.**
(unambiguous: the next-door children's bicycles)

In such contexts, **dessen** or **deren** indicates that the noun following it is 'possessed' by the nearest preceding noun of the corresponding gender:

| | |
|---|---|
| **dessen** | *masculine/neuter* |
| **deren** | *feminine and plural* |

**dessen/deren** can also be used simply as alternatives for **sein** *(his/its)* and **ihr** *(her/their)*:

**Ich kenne unsere Nachbarin kaum, aber deren Sohn spielt mit unserem Klaus.**

## 8 'mine', 'ours', 'yours', 'his', 'hers', 'its', 'theirs'

| my | | **mein** |
|---|---|---|
| our | | **unser** |
| | | **dein** *(singular, familiar)* |
| your | (+ noun) | **euer** *(plural, familiar)* |
| | | **Ihr** *(sing/pl, formal)* |
| his | | **sein** |
| her | | **ihr** |
| its | | **sein** |
| their | | **ihr** |

You will already know that these words are all **ein**-type words. That is, like **ein**, they add no ending in the masculine SU case or the neuter SU and DO cases. (Remember that the **-er** of **unser** and **euer** is NOT an ending!) Revise the pattern with **mein** and examples:

| | *m* | *f* | *n* | *pl* |
|---|---|---|---|---|
| SU | **mein Beruf** | **meine Größe** | **mein Alter** | **meine Vornamen** |
| DO | **meinen Beruf** | **meine Größe** | **mein Alter** | **meine Vornamen** |
| IO | **meinem Beruf** | **meiner Größe** | **meinem Alter** | **meinen Vornamen** |
| PO | **meines Berufs** | **meiner Größe** | **meines Alters** | **meiner Vornamen** |

If the noun is omitted, because it has already been mentioned, the possessor word stands alone to mean the item possessed. The endings are determined, just as if the noun itself followed, by the number (singular or plural), if singular then gender (masculine, feminine or neuter) and case of the noun. However, the endings are now those for **d..**-type words:

|     | m      | f      | n          | pl     |
|-----|--------|--------|------------|--------|
| SU  | meiner | meine  | mein(e)s   | meine  |
| DO  | meinen | meine  | mein(e)s   | meine  |
| IO  | meinem | meiner | meinem     | meinen |
| PO  | meines | meiner | meines     | meiner |

**Meine Füße tun mir weh. Wie ist es mit deinen?**
My feet are hurting me. What are yours like?

---

## Übung/Practice

**B** *Some example sentences; add the correct endings where necessary.*

1 Der Onkel mein__ Schwiegertochter ist leider ein Verbrecher. Wie ist es mit dein__?

2 Mein__ Gesundheit ist mir das wichtigste. Wie ist es mit dein__?

3 Wo ist dein__ Kneifzange? Ich kann nur sein__ finden.

4 Man kann nicht durch sein__ Brille gucken, sie ist total schmutzig. Wie ist es mit dein__?

5 Hoffentlich kommt bald der Brief mein__ Tutors. Bekommst du auch einen von dein__?

6 Leider hat er nichts mehr mit sein__ Vater zu tun. Wie stehst du zu dein__?

7 Sie kauft dein__ Kindern viel zu viele Geschenke. Was machst du mit ihr__?

8 Kaufst du sein__ Haus? Was wird dann aus dein__?

9 Mein__ Fernglas ist kaputt, kannst du mir dein__ leihen?

10 Sein__ Schlüssel funktioniert nicht, gib mir mal dein__!

# Lesetext 1/Reading text 1

*Something typically German ...*

## RAUCHVERBOT EIN ANSCHLAG AUF DIE STAMMTISCH-GEMÜTLICHKEIT
### Wirte gehen schon jetzt gegen einen Gesetzentwurf auf die Barrikaden

**Die deutschen Wirte fürchten Schlimmes. Sie haben sich gegen ein gesetzlich generelles Rauchverbot in ihren Gaststuben mobilisiert. Der Gesetzentwurf ist ein „Anschlag auf die deutsche Wirtshausgemütlichkeit".**

Alle Kommunal-, Landes- und Bundespolitiker sollen in den kommenden Wochen anhand einer ‚Wahl-Checkliste' gefragt werden, ob sie ein ‚Stammtischtöter' oder aber ‚Hüter von Toleranz und Gemütlichkeit' sein wollen. Nichtraucher-Initiativen haben schon Protest angekündigt.

Ein bayrischer Gastwirt meint, die Politiker würden sich „selbst ihr Grab schaufeln", wenn sie den Qualm aus den Wirtsstuben verbannen. Den Kampf gegen das Rauchverbot in der Gastronomie will der Deutsche Hotel- und Gaststättenverband (DEHOGA) mit seinen eine Million Beschäftigten im Rücken, „die auch Wähler sind", führen.

Der DEHOGA-Präsident formulierte in Stuttgart unter großer Zustimmung seiner Kollegen klipp und klar: **„Das Gastgewerbe ist nicht der Gesundheitsapostel der Nation."** Essen, Trinken, Kommunikation und Atmosphäre sind Aufgaben deutscher Gastlichkeit. Gesundheitserziehung gehört keineswegs dazu. Das Schutzinteresse in öffentlichen Gebäuden und Betriebskantinen ist akzeptabel, aber eine Kantine kann man nicht mit einem Gasthaus mit Stammtisch und Stammgast vergleichen.

(Vlothoer Anzeiger)

## Übungen/Practice

**C** *Find the English equivalents of the following vocabulary.*

| *Gastronomievokabular* | *Gesetz und Politik* |
|---|---|
| der Stammtisch | das Rauchverbot |
| der Wirt | der Gesetzentwurf |
| die Gaststube | gesetzlich |
| das Wirtshaus | der Kommunalpolitiker |
| der Gastwirt | der Landespolitiker |
| der Qualm | der Bundespolitiker |
| die Wirtsstube | die Wahl |
| das Hotel | der Wähler |
| die Gaststätte | der Töter |
| das Gastgewerbe | der Hüter |
| die Kantine | die Zustimmung |
| das Gasthaus | die Gesundheit |
| der Stammgast | die Erziehung |
| | der Schutz |

**D** *Answer the following questions in German.*

1 Das neue Gesetz soll etwas verbieten. Was?
2 Was soll die ‚Wahl-Checkliste' feststellen?
3 Ist es im Interesse der Politiker, das Rauchen zu verbieten? Was ist die Meinung des bayrischen Gastwirts?
4 Ist das Gaststättengewerbe für Gastlichkeit oder für Gesundheit da?
5 Warum sind die eine Million Leute, die im Hotel- und Gaststättenverband organisiert sind, wichtig für die Politiker?

**E** *Now try your hand at this crossword puzzle and see how you fare.*

| | |
|---|---|
| **bold:** | vocabulary from this unit |
| normal: | vocabulary you must have come across in Hugo's *German in Three Months* or other courses |
| *italics:* | new items to be looked up |

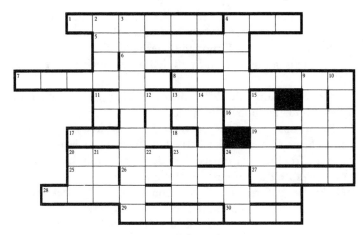

ACROSS:

1 **law**
4 in front of
5 **scissors**
6 **guardian**
7 **glasses**
8 **building**
11 **scales**
16 **killer**
17 **smoke** (noun)
19 *nasty, bad, naughty*
20 wall
23 *original* (prefix)
24 *broom*
25 in
26 **pliers**
27 noisy
28 **health**
29 **grave**
30 (to) do

DOWN:

2 *donkey*
3 **pyjamas**
4 **ban** (noun)
9 this (fem)
10 **your** (pl, familiar + **en**)
11 where?
12 *eel*
13 prefix for the pre-present (perfect) tense
14 **your** (pl, intimate)
15 **furniture**
18 mouth
20 how?
21 at the, on the (DO neuter contraction)
22 there
24 *flower bed*

# Lesetext 2/Reading text 2

## Ein lang diskutiertes Glas Bier

*Er*  Wollen wir schnell einen trinken gehen? Ich fahre hinterher auch nicht, ich habe mein Auto gar nicht hier. Hast du deins hier?

*Sie*  Ja, leider habe ich meins hier. Was soll ich damit machen?

*Er*  Ach, laß es hinterher einfach hier und hol es morgen ab! Oder du trinkst nur Limonade oder so was?

*Sie*  Das macht ja nun keinen Spaß, ich trinke auch ganz gern ein Bier.

*Er*  Na ja, eins kannst du doch sowieso trinken, davon bekommst du schon keine hohen Promille!

*Sie*  OK, laß uns in die Studentenkneipe am Markt gehen, das ist ein sehr gemütliches Gasthaus. Der Wirt ist auch nett. Dessen Tochter war übrigens in der Schule mit mir. Ich war für kurze Zeit deren beste Freundin.

*Er*  Heißt das, daß wir unser Dortmunder da billiger bekommen? Wo du doch den Wirt und Tochter so gut kennst?

*Sie*  Die haben da ja überhaupt kein Dortmunder, die haben Weissenburger. Das ist sowieso eher meine Sorte! Deine auch?

*Er*  Im Grunde ist es mir egal, die Hauptsache, es ist ein Pilsener. Laß uns also zu ‚deiner' Kneipe gehen!

*Sie*  Ja, die ist nicht weit von hier. Nur ein paar Minuten. Guck, da ist sie schon! Du, die sieht aber komisch aus …!

*Er*  Haha, guck: **‚Wegen Betriebsferien geschlossen'**. In England kommt das nie vor. Ein ‚Pub' muß immer offen (öffentlich) sein. Da haben es die deutschen Gastwirte mal wieder besser.

*Sie*  Das glaube ich nicht, deren Arbeitszeiten sind viel, viel länger als die der englischen Wirte. Die haben ihre Pubs doch nur ein paar Stunden am Tag auf.

*Er*  Beim letzten Englandbesuch habe ich aber welche gesehen, die auch den ganzen Tag auf sind.

*Sie*  Mensch, laß uns endlich ein Glas Bier trinken!

# Lektion Drei **Vor Gericht**
# Lesson Three **Court proceedings**

*In this lesson you will encounter the German tendency to rush into litigation at the slightest provocation, learn some legal terminology, and experience the cut and thrust of a salesman–customer situation.*

*The language points presented here are concerned with indicating 'how much' or 'how many' of something we are talking about (i.e. quantifiers), and with being absolutely sure what endings to put on* **d..** *and* **ein**, *on words taking the same endings as these and on adjectives.*

(John Heartfield in Kurt Tucholsky,
*Deutschland, Deutschland über alles*)

## 9 Non-count noun quantifiers: 'some', 'a bit of', 'a lot of', etc.

Non-count nouns are so called because it is usually impossible to put a number in front of them. Similarly they cannot be preceded by *a(n)* or be used in the plural. They often indicate substances ('bread', 'steel') or abstracts ('bravery', 'wisdom').

Like English, German has a range of quantifiers for non-count nouns ranging from 'no' to 'all'. Some of these require endings to match the gender and case of the noun that follows; they may behave like adjectives (revise adjective endings in your basic course) or take the same endings as **d..** or **ein** (see your basic course or look at Section 8). Some quantifiers are used without any ending at all; these are asterisked in this section and Sections 10 and 11.

**kein** (**ein**-type word): *no*

> **Ich habe leider keine Zeit.**
> I'm afraid I haven't got time.

German prefers to use **kein** wherever possible (i.e. before nouns or where a noun is understood), rather than make the verb negative with **nicht** *(not)*, which would be the English way.

> **Er hat keine Geduld mit seinen Kindern.**
> He hasn't got any patience with his children.

**(ein) wenig\***: *(a) little*

> **Wir wollen möglichst wenig Geld ausgeben.**
> We intend to spend as little money as possible.

> **Wenn du selbst ein wenig Interesse zeigst, hilft man dir bestimmt.**
> If you show a bit of interest yourself, people will certainly help you.

**irgendwelch..** (**d..**-type word): *some or other*

> **Hast du irgendwelches Zeug zum Reparieren von Porzellan?**
> Have you some stuff for repairing porcelain?

**ein bißchen\***: *a bit (of)*

> **Kannst du mir mal ein bißchen Butter aufs Brot schmieren?**
> Can you just spread a bit of butter on the bread for me?

**etwas\***: *some/any/a little*

**Ich brauche etwas Klebstoff oder Bindfaden, um das Paket zuzumachen.**
I need some glue or string to fasten the parcel.

**einig..** (**d..**-type word): *some*

**Vor einiger Zeit passierte hier ein Erdbeben.**
Some time ago an earthquake happened here.

**genug\***: *enough*

**Hast du genug Farbe, um den Schuppen zweimal zu streichen?**
Have you enough paint to paint the shed twice?

**viel\***: *a lot (of)/much*

**Mein Freund hat sein Haus mit viel Gewinn verkaufen können.**
My friend was able to sell his house at considerable profit.

**Ich habe nicht viel Hoffnung auf eine Verschiebung des Termins.**
I have not much hope of a postponement of the appointment.

**ganz** (adjective): *entire/all/whole (of)*

This works like the English word 'entire', but is used as idiomatically and commonly as English 'all' and is the easiest way of expressing totality.

**Das ganze Wasser im Heizungssystem war verdreckt.**
All the water in the heating system was filthy.

**all\*** (when followed by a **d..**- or **ein**-type word before the noun): *all*

**Trotz all seines beruflichen Glücks blieb er privat einsam.**
In spite of all his good fortune at work he remained lonely in private life.

**all..** (**d..**-type word, though usually **-en** instead of **-es** for *m* and *n* PO case): *all*

**Trotz allen beruflichen Glücks blieb er privat einsam.**
In spite of all good fortune at work he remained lonely in private life.

## 10 Singular count noun quantifiers: 'half', 'whole', etc.

Count nouns are, of course, those which can be counted and can be used in the plural. Apart from **ein** and **kein** (the uses of which you will already know) the group of singular count noun quantifiers includes the following.

**irgendein** (like **ein**): *any one or other*

> **Such dir irgendeine Briefmarke aus meiner Sammlung aus.**
> Choose any stamp (you like) from my collection.

**manch..** (**d..**-type word) ⎫ *quite a few* (though with singular
**manch\* ein** (like **ein**) ⎬ noun in German)

> **Manche kluge Hausfrau** ⎫ **spart mehr, als ihr Mann**
> **Manch eine kluge Hausfrau** ⎭ **verdient.**
> Quite a few clever housewives save more than their husbands earn.

**halb** (adjective): *half*

> **Wenn du die halbe Portion Eis essen kannst, esse ich die andere Hälfte.**
> If you can eat half the portion of ice-cream, I'll eat the other half.

**ganz** (adjective): *entire/whole/all*

> **Unser ganzes Haus sieht aus wie ein Schweinestall.**
> Our whole house looks like a pigsty.

> **Mein ganzes Gehalt wird für Flugreisen ausgegeben.**
> All my salary is being spent on air travel.

## 11 Plural count noun quantifiers: 'both', '(a) few', 'several', etc.

**kein** (use as described in Section 9)

**beide** (**d..**-type word if first in the noun phrase; adjective if preceded by **d..**- or **ein**-type word): *two/both*

> **Ich habe beide Fahrräder ausprobiert.**
> I tried both (the) bicycles.

> **Meine beiden Brüder haben mich unterstützt.**
> Both my brothers/My two brothers supported me.

**ein paar\***
**einige** (like the plural of a **d..**-type word) } *a few/some*
(**ein paar** is the more colloquial of the two expressions.)

> **Wir treffen uns heute mit ein paar/einigen Freunden.**
> We are meeting a few friends today.

**wenige** (like **einige**): *few*

> **Wir haben nur noch wenige Tage Urlaub.**
> We've only got a few days' holiday left.

**manche** (like the plural of a **d..**-type word): *quite a few/a fair number of*

> **Manche Leute können Erdbeeren nicht vertragen.**
> Quite a few people can't eat strawberries.

**mehrere** (like **einige**): *several*

> **Wir wollen mehrere Wochen auf Zypern verbringen.**
> We intend to spend several weeks in Cyprus.

**viele** (like **einige**): *many, a lot of*

> **Ich habe die Namen vieler Schulkameraden vergessen.**
> I've forgotten the names of a lot of (my) schoolmates.

**sämtliche** (like **einige** if first in the noun phrase, otherwise like an adjective): *all*

> **Sämtliche Unterlagen für den Prozeß fehlten.**
> All the documents for the case were missing.

> **Kannst du bitte meine sämtlichen Papiere mitbringen?**
> Can you please bring along all my papers?

**alle** (like **einige**, i.e. plural of a **d..**-type word): *all*

> **Alle guten Dinge sind drei.**
> All good things come in threes.

> **Er wird mit allen seinen Schwierigkeiten fertig.**
> He is coping with all his difficulties.

> **Wir haben im Namen aller eingeschriebenen Mitglieder gehandelt.**
> We acted in the name of all the registered members.

NOTE: As in the last example, the plural **alle** alone often means *all the*, i.e. it does not need to be followed by **d..** . Indeed, when **alle d..** does occur it tends to have the meaning not of *all the* but of *all those:*

**Alle die Bewerbungen, die pünktlich eingereicht wurden, wurden berücksichtigt.**
All those applications that were submitted in time were considered.

**all★**: *all*

**All eure Anstrengungen sind umsonst.**
All your efforts are in vain.

# Lesetext 1/Reading text 1

## Ein Hund vor Gericht

Eine Frau ging mit ihrem Hund spazieren. Sie begegnete einem Mann, der die beiden anstarrte und vielleicht laut ‚gedacht' hat. Die Frau behauptete jedenfalls, folgende Worte gehört zu haben: „Sie sehen ja aus wie Ihr Hund." Wenn dieser Satz tatsächlich gesprochen wurde, dann kann er nicht freundlich gemeint sein, denn der Hund war ein Pekinese. Obwohl sich die Dame ja freiwillig für diese Rasse entschieden hatte, klang ihr der Vergleich bestimmt nicht wie ein Kompliment im Ohr. Der Mann bestritt jedoch, eine solche Bemerkung gemacht zu haben.

Nach einigem Hin und Her kam es zu einem Strafprozeß wegen Beleidigung. So trafen sich die Frau und der Mann einige Zeit später wieder, dieses Mal im Saal des Amtsgerichts, und wollten den Fall gerichtlich überprüfen lassen.

Die Richterin auf der anderen Seite des langgestreckten Tisches sah in ihrer schwarzen Robe sehr amtlich aus, aber sie machte doch so halb den Eindruck, daß eigentlich drängendere Fragen der Gerechtigkeit auf ihre Arbeitskraft warteten.

Die Sache wurde aufgerufen, und alles hing davon ab, ob jene schicksalsschweren Worte gefallen waren. Die Frau warf einen durchbohrenden Blick auf den Angeklagten und sagte: „Wie mein Hund soll ich aussehen!" Der schüttelte den Kopf, sah an der Frau vorbei auf die leeren Zuhörerbänke und murmelte etwas von einem Kavalier, der solche Bemerkungen nicht macht, auch wenn sie wahr sind. Die Richterin wußte auch nicht so recht weiter. Sie kannte viele Hundegesichter und so manchen dazugehörenden Menschenkopf.

Die Protokollführerin machte schließlich den Vorschlag: „Könnte man den Hund vielleicht mal sehen?" Kurz darauf stand ein kleiner Pekinese im Saal: mit kurzen Beinen, runden Augen und einem Gesicht, gegen dessen Falten ganze Armeen von Kosmetikerinnen keine Chance gehabt hätten. Ein Prachtexemplar eines Pekinesen, gewiß, vielleicht sogar Gewinner bei einem Pekinesenschönheitswettbewerb!

Der Hund und die Frau, die ihn jetzt auf dem Arm trug, sahen jedoch beide grimmig aus. Auf allen anderen Gesichtern lag ein Schmunzeln, als hätten die Paragraphen* im Gerichtssaal gerade einen Witz erzählt.

Der Mann sah erst auf das Gesicht der Frau, dann auf den Hundekopf darunter und dann noch einige Male hin und her. Dann fragte er: „Frau Richterin, was kost's? Ich glaub', ich hab's gesagt!" Aufgrund dieses Geständnisses wurde er zu einer Geldstrafe verurteilt, wenn auch zu einer ganz milden. Aber so recht wohl war der Richterin nicht bei ihrem Urteilsspruch, weil auch sie, zwischen Hund und Frau hin- und hersehend, nicht genau wußte, wer von den beiden eigentlich der Beleidigte war.

(Basiert auf: ‚Geschichten im Rechtsleben',
Frankfurter Allgemeine Zeitung)

*German law is based on legal codes consisting of **Paragraphen** (symbol §), so the word as used here means the legal manuals and, in a wider sense, the lawyers, judges and courts.

---

## *Übungen/Practice*

**A** *Find the English equivalents of the following with the help of a dictionary.*

*Gesetz und Gerichtsbarkeit*

| | |
|---|---|
| das Gericht | die Gerechtigkeit |
| bestreiten | der Angeklagte |
| der Strafprozeß | die Protokollführerin |
| (wegen) Beleidigung | der Gerichtssaal |
| der Saal | das Geständnis |
| das Amtsgericht | die Geldstrafe |
| gerichtlich überprüfen | verurteilen |
| die Richterin | der Urteilsspruch |
| die Robe | |

**B** *Answer the following questions in German.*

1 Was machte die Frau, als der Mann sie zum ersten Mal sah?
2 Was für eine Hunderasse hatte die Frau?
3 Was war das ‚Verbrechen‘?
4 Was soll der Mann gesagt haben?
5 Warum werden Kosmetikerinnen erwähnt?
6 Macht der Mann ein Geständnis?
7 Wie sieht die Strafe aus?

**C** *You have learnt about quantifiers in this lesson, and you are familiar with* **ein-** *and* **d..**-*type words. So now, without referring back to the original text, fill in the gaps with* **d..**, **ein**, **ein-** *or* **d..**-*type words and quantifiers.*

## Ein Hund vor Gericht

_____ Frau ging mit _____ Hund spazieren. Sie begegnete _____ Mann, der ___ _____ anstarrte und vielleicht laut ‚gedacht‘ hat. Die Frau behauptete jedenfalls, folgende Worte gehört zu haben: „Sie sehen ja aus wie ___ Hund.“ Wenn _____ Satz tatsächlich gesprochen wurde, dann kann er nicht freundlich gemeint sein, denn der Hund war ___ Pekinese. Obwohl sich ___ Dame ja freiwillig für _____ Rasse entschieden hatte, klang ihr ___ Vergleich bestimmt nicht wie ___ Kompliment im Ohr. Der Mann bestritt jedoch, ____ _____ Bemerkung gemacht zu haben.

Nach _____ Hin und Her kam es zu _____ Strafprozeß wegen Beleidigung. So trafen sich ___ Frau und ___ Mann _____ Zeit später wieder, _____ Mal im Saal des Amtsgerichts, und wollten den Fall gerichtlich überprüfen lassen.

Die Richterin auf ___ anderen Seite des langgestreckten Tisches sah in _____ schwarzen Robe sehr amtlich aus, aber sie machte doch so ____ ___ Eindruck, daß eigentlich drängendere Fragen ___ Gerechtigkeit auf ____ Arbeitskraft warteten.

___ Sache wurde aufgerufen, und alles hing davon ab, ob jene schicksalsschweren Worte gefallen waren. Die Frau warf _____ durchbohrenden Blick auf ___ Angeklagten und sagte: „Wie ____ Hund soll ich aussehen!“ Der schüttelte ___ Kopf, sah an ___ Frau vorbei auf die leeren Zuhörerbänke und murmelte _____ von _____ Kavalier, der _____ Bemerkungen nicht macht, auch wenn sie wahr sind. Die Richterin wußte auch nicht so recht weiter. Sie kannte _____ Hundegesichter und so _____ dazugehörenden Menschenkopf.

Die Protokollführerin machte schließlich ___ Vorschlag: „Könnte man ___ Hund vielleicht mal sehen?" Kurz darauf stand ___ kleiner Pekinese im Saal: mit kurzen Beinen, runden Augen und _____ Gesicht, gegen dessen Falten ganze Armeen von Kosmetikerinnen _____ Chance gehabt hätten. Ein Prachtexemplar _____ Pekinesen, gewiß, vielleicht sogar Gewinner bei _____ Pekinesenschönheits-wettbewerb!

___ Hund und ___ Frau, die ihn jetzt auf ___ Arm trug, sahen jedoch beide grimmig aus. Auf allen anderen Gesichtern lag ___ Schmunzeln, als hätten ___ Paragraphen im Gerichtssaal gerade _____ Witz erzählt.

Der Mann sah erst auf ___ Gesicht ___ Frau, dann auf ___ Hundekopf darunter und dann noch _____ Male hin und her. Dann fragte er: „Frau Richterin, was kost's? Ich glaub', ich hab's gesagt!" Aufgrund _____ Geständnisses wurde er zu _____ Geldstrafe verurteilt, wenn auch zu _____ ____ milden. Aber so recht wohl war ___ Richterin nicht bei _____ Urteilsspruch, weil auch sie, zwischen Hund und Frau hin- und hersehend, nicht genau wußte, wer von den _____ eigentlich ___ Beleidigte war.

„Ich weiß auch nicht, welche Rasse . . ., aber ich finde, er paßt doch prima zu den Meier-Düsenbergs!"

# Lesetext 2/Reading text 2

## Verdächtiger Kunde

*Kunde*  Ich möchte ein Auto kaufen.

*Verkäufer*  Schön. Wir haben alle möglichen Wagen. Zweisitzer, Viersitzer, mit zwei oder vier Türen, Katalysator, 6-Gang-Getriebe, Automatik. Haben Sie irgendeine Vorstellung, welche Art von Wagen Sie wünschen?

*Kunde*  Nein, ich habe noch keine Ahnung, ich würde gern mehrere Modelle sehen. Vielleicht könnten Sie mir auch einige demonstrieren.

*Verkäufer*  In welcher Preislage darf der Wagen sein?

*Kunde*  Darüber können wir später sprechen. Es soll ein Gebrauchsauto sein. Ich bin jeden Tag mindestens eine dreiviertel Stunde im Auto auf dem Weg zum Arbeitsplatz.

*Verkäufer*  Ja, dann gucken wir uns vielleicht mal die Volkswagen-Serie an. Otto-Motor, Luftkühlung, Lenkradhilfe.

*Kunde*  Volkswagen klingt gut, alle Volkswagen haben einen guten Ruf, nicht? Oder gibt es irgendeinen Typ, der nicht gut ist?

*Verkäufer*  Volkswagen ist eine gute Firma, und der Golf z.B. ist wirklich mehr als gut genug für Ihre täglichen Fahrten.

*Kunde*  Hat der Golf auch einen fünften Gang? Dabei verbraucht man doch weniger Benzin, nicht? Und ich möchte auch eine Stereoanlage im Wagen haben.

*Verkäufer*  Ja, der Golf hat den sogenannten Economy-Gang, die Installierung von Radio usw. kommt natürlich extra auf den Preis.

*Kunde*  Ja, und ich möchte auch ein Sonnendach, ein Autotelefon, und die Farbe des Wagens soll weiß sein.

*Verkäufer*  Sind Sie nicht am Benzinverbrauch im Stadtverkehr und beim Autobahntempo interessiert; wollen Sie nichts über PS wissen?

*Kunde*  Nein, ich möchte den Wagen gleich heute mitnehmen. Geht das schnell mit dem Radio?

*Verkäufer*  Ja, Sie haben ein bißchen Glück heute, wir haben nicht allzu viel zu tun, wir können einen weißen Golf mit Sonnendach sofort bereitstellen. Aber wie ist es mit der Bezahlung? Möchten Sie einen Kredit unserer Hausbank?

| | |
|---|---|
| *Kunde* | Einen Kredit Ihrer Hausbank? Was habe ich mit Ihrer Hausbank zu tun? |
| *Verkäufer* | Natürlich nichts! Ihren Kredit nehmen Sie dann wohl bei Ihrer eigenen Bank? |
| *Kunde* | Bei meiner eigenen Bank? Warum denn das? Ich nehme überhaupt keinen Kredit auf. |
| *Verkäufer* | Aha! Dann also normale private Ratenzahlung? |
| *Kunde* | Auch keine Ratenzahlung, zum Donnerwetter! Ich zahle Ihnen den Wagen jetzt und sofort bar in die Hand und will natürlich Skonto. |
| *Verkäufer* | In die Hand??? Bar? Wenn das so ist, dann ... |
| *Kunde* | Dann ...? |
| *Verkäufer* | Dann muß ich leider erst einmal Informationen über Sie einziehen, meine Dame! |

# Lektion Vier  **Auf Jagd**

*It is a mistake to think of Germany only as a leading industrial country. The German consciousness has been profoundly affected by rural life, and even town and city dwellers retain traditions deriving from the countryside, some aspects of which you will encounter in this lesson.*

*In the language sections we present prepositions, first in a general way and then looking more closely at how they are used to refer to space. You will find that the German language sees space and location, direction and movement rather differently from English.*

Fischerhütten auf der Halbinsel Darß,
Mecklenburg-Vorpommern

## 12  Prepositions

You should know the cases – DO or IO or (much rarer) PO – required by the most common prepositions. If you are still hazy about this, look again at Exercise C of the Self-assessment. It is vital to know the prepositions which can be followed by either a DO case noun/pronoun or an IO case noun/pronoun.

The DO case is required if the preposition indicates a FUNDAMENTAL change of place (real or imaginary). The IO case is required if no fundamental change of place (again real or imaginary) is regarded by the speaker as taking place.

**Ich legte den Brief auf den Tisch.** *(DO)*
I put the letter on the table.
(*DO* – real change of place: the letter is transferred from the speaker's hand to the table.)

**Der Brief lag auf dem Tisch.** *(IO)*
The letter was on the table.
(*IO* – no real change of place.)

**Ich warf einen Blick auf die Skizze.** *(DO)*
I cast a glance at the sketch.
(*DO* – imaginary change of place: the speaker's attention is projected onto the sketch.)

**Mein Blick ruhte auf der Skizze.** *(IO)*
My gaze rested on the sketch.
(*IO* – imaginary absence of change of place: the speaker's attention remains on the sketch.)

**Der Hubschrauber flog über den Stausee.** *(DO)*
The helicopter flew over (i.e. across) the reservoir.
(Fundamental change of place: the helicopter started on one side and ended on the other.)

**Der Hubschrauber flog hin und her über dem Stausee.** *(IO)*
The helicopter flew to and fro over (i.e. above) the reservoir.
(No fundamental change of place: the helicopter remained above the reservoir throughout, as the process of flying focused on here disregards the starting and finishing positions.)

A preposition locates the noun/pronoun that follows it in one of three ways:
  (a)  in space;
  (b)  in time;
  (c)  in a variety of other aspects explained in Section 20.

a) space

| | |
|---|---|
| **in der Sonne** | in the sun |
| **an der Tafel** | on the blackboard |

b) time

| | |
|---|---|
| **im November** | in November |
| **zur Zeit** | at the (= this) time |

c) other aspects

| | |
|---|---|
| **wegen des Wetters** | because of the weather |
| **trotz ihrer Neugier** | in spite of her curiosity |
| **ohne mein Wissen** | without my knowledge |

For the majority of German prepositions it is impossible to provide consistent one-to-one English translations. The use of prepositions has to be learned by growing familiarity with German usage and, in the case of spatial location, an understanding of the perspective on space of the German language. Sections 13–15 in this lesson will help you to acquire this understanding.

## 13  Spatial prepositions and the division of space

The following prepositions, grouped according to the cases they require, are used to indicate spatial location. The English translations cover the widest possible range of spatial meanings of each preposition.

| Case required | Preposition | Translations |
|---|---|---|
| DO | **bis** | as far as, up to |
| | **durch** | through, across |
| | **gegen** | against, into |
| | **um** | round |
| IO | **ab** | (starting) from |
| | **aus** | out of, from |
| | **bei** | near, by, at |
| | **gegenüber** | opposite |
| | **nach** | to, towards |
| | **von** | from |
| | **zu** | to, in, at |
| DO/IO | **an** | on, at, by, from, to |
| | **auf** | on, on top of, at, in |
| | **entlang** | along |

| | | |
|---|---|---|
| | **hinter** | behind, at the back of, round the back of, after |
| | **in** | in, inside, into, at, to |
| | **neben** | next to, beside, alongside |
| | **über** | over, above, across |
| | **unter** | under, underneath, below, among |
| | **vor** | in front of, before, off, to |
| | **zwischen** | between, in between, among |
| *PO* | **außerhalb** | outside |
| | **innerhalb** | inside |
| | **oberhalb** | above |
| | **unterhalb** | below |
| | **diesseits** | this side (of) |
| | **jenseits** | beyond, the other side (of) |

It cannot be emphasised too strongly that the same English preposition used in two different contexts may require two completely different prepositions in German:

I come *from* Berlin. (i.e. I was born there or that is where my home is.)
**Ich komme *aus* Berlin.**

I am just coming *from* Berlin. (i.e. I am travelling from Berlin.)
**Ich komme gerade *von* Berlin.**

The converse is, of course, also true:

**Ich wohne in Baden *bei* Wien.**
I live in Baden *near* Vienna.

**Ich wohne *bei* meiner Tante in Wien.**
I live *at* my aunt's in Vienna.

It is useful to be aware of how space is divided up and distributed among three much used prepositions – **an**, **auf** and **in** – in a way which cuts across the English usage of *at*, *by*, *in* and *on*.

**an**  indicates that things are so close to each other that any space between them, though it may exist, is irrelevant; however, it is not used when an item rests on a horizontal surface.

**auf**  indicates that an item is above and rests on a generally flat surface that is, objectively speaking, horizontal.

**in**  indicates that an item is in some manner enclosed.

Examples:

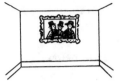

**ein Bild an der Wand**
a picture on the wall

**Spinngewebe an der Decke**
spiders' webs on the ceiling

**Äpfel am Baum**
apples on the tree

**Köln am Rhein**
Cologne on the Rhine

**die Freundin an meiner Seite**
the girlfriend by my side

**ein Hund auf der Straße**
a dog in the street

**ein Haufen Wäsche auf dem Bett**
a pile of washing on the bed

**Pferde auf der Wiese**
horses in the meadow

**ein Essen im Hotel**
a meal at the hotel

**ein Film im Kino**
a film at the cinema

**die Nachrichten im Fernsehen und im Radio**
the news on television and (on) radio

**eine Wohnung im vierten Stock**
a flat on the fourth floor

**Kinder in der Schule**
children at school

The above examples illustrate the principles according to which German segments space. For instance, English *on* is German **auf** usually only when the upper surface of a horizontal plane is meant. For position on any other surface, German is likely to use **an**, which covers *on*, *at* and *by* in English. English *at*, however, as the examples show, is also likely to correspond to German **in**.

In addition, German conceives of some places as having a horizontal plane surface as their DOMINANT feature, while English regards the same places as having either an enclosure *(in)* or a 'visitable' point *(at)* as their dominant feature:

| | |
|---|---|
| **auf dem Bahnhof** | at the station |
| **auf der Bank** | at the bank |
| **auf dem Dorf** | in the village |
| **auf dem Feld** | in the field |
| **auf dem Flughafen** | at the airport |
| **auf dem Friedhof** | at/in the cemetery |
| **auf dem Lande** | in the country |

| | |
|---|---|
| **auf der Party** | at the party |
| **auf der Straße** | in the street |
| **auf der Universität** | at the university |

## 14 Spatial prepositions with special features

**a) bis** (as far as, up to)

**bis** can be used on its own only with place names and non-specific words like **dahin, dorthin** *(that point)*:

> **Wir fuhren mit dem Bus bis Berlin/bis dorthin.**
> We travelled as far as Berlin/there by bus.

Otherwise it has to be followed by another spatial preposition appropriate to the context:

> **Wir stiegen *bis auf* den Gipfel.**
> We climbed as far as the summit.

> **Wir gingen *bis ans* Ufer spazieren.**
> We went for a walk as far as the (river) bank/(lake) shore.

> **Er begleitete uns *bis zum* Haupteingang.**
> He accompanied us as far as the main entrance.

**b) gegenüber** (opposite)

This often stands after the noun and MUST stand after a pronoun:

> **Die Kirche steht gegenüber dem Hotel Rose.**
> The church is opposite the Rose Hotel.

> **Im Restaurant saß er seinem Freund/mir gegenüber.**
> In the restaurant he sat opposite his friend/me.

**c) entlang** (along)

This precedes an IO noun/pronoun to indicate static position over the length of something:

> **Entlang der Mosel sieht man einen Weinberg nach dem anderen.**
> Along the Moselle you can see one vineyard after another.

But (like **gegenüber**) it follows a DO noun/pronoun if there is a fundamental change of place along the length of something:

> **Wir liefen die ganze Straße entlang.**
> We ran along the whole (length of the) street.

**Die Dampfer der Köln-Düsseldorfer fahren den Rhein entlang von Köln bis Mainz.**
The steamers of the Köln-Düsseldorf (company) travel along the Rhine from Cologne to Mainz.

If, however, the longitudinal change of place occurs not *upon* but *by the side of* something, **an** is used to indicate the spatial relationship and **entlang** (still following the noun) becomes a sort of adverb of direction (see Section 15):

**Wir fuhren mit dem TEE-Expreß am Rhein entlang.**
We travelled in the TEE express along the Rhine.

## 15 Change of place + motion/direction

Some spatial notions combining change of place with motion and/or direction are generally conveyed by one word (a preposition) in English: *along, alongside, (a)round, out from, out into, past, towards.* In German these require both a preposition and, after the noun/pronoun, a motional/directional word. The principal motional/directional words are:

| | |
|---|---|
| **hin** | suggesting movement away from a point (from the speaker's perspective) |
| **her** | suggesting movement towards a point (from the speaker's perspective) |
| **vorbei** | suggesting movement past such a point. |

Both **hin** and **her** can have prepositions attached to them to strengthen the idea of the motion/direction involved, and **her** can also be used to convey the idea of motion in general. The above list is not exhaustive, as will be seen from the following examples. Note the cases used!

**a)** along/alongside

**an ... entlang** (see Section 14)

**Wir gingen *am* linken Donauufer *(IO) entlang* spazieren.**
We went for a walk *along* the left bank of the Danube.

**neben ... her**

**Ein winziger Hund ging *neben* seinem Herrn *(IO) her.***
A tiny dog was walking $\left\{ \begin{array}{l} \textit{alongside} \\ \textit{along next to} \end{array} \right\}$ its master.

**b)** (a)round

**Die Schüler fuhren mit ihren Rädern *um* den See *(DO)*
*herum*.**
The schoolboys rode on their bicycles *(a)round* the lake.

**c)** out from/of

**Nach zweistündigem Umherirren kamen wir *aus* dem
Wald *(IO)* *heraus*.**
After two hours wandering about lost, we came *out of* the forest.

**d)** out into

**Das Motorboot fuhr schnell *aufs* Meer *(DO)* *hinaus*.**
The motor boat went quickly *out into* the sea.

**e)** past

**Meine Nachbarin ging sehr arrogant *an* mir *(IO)* *vorbei*.**
My neighbour went *past* me very arrogantly.

**Ich gucke sobald wie möglich *bei* Ihnen *(IO)* *vorbei*.**
I'll drop in on you (literally: look *past* your place) as soon as
possible.

**f)** towards

**Ein tollwütiges Wildschwein lief *auf* mich *(DO)* *zu*.**
A rabid wild boar charged *towards* me.

# Lesetext

### Eine Kindheit in Pommern

NOTE: **die See** = sea; **der See** = lake

Am meisten liebte ich Klunter. Klunter war ein großer, starker
Rottweiler. Die Dorfjungen zitterten vor ihm, und wenn sie auf der
Obstkoppel *(orchard)* stehlen wollten, dann brauchte ich nur mit
dem schwarzen Ungeheuer am Eingang der Koppel zu erscheinen,
und sie plumpsten schreiend aus den Bäumen und rannten davon.

Dabei war Klunter das gutmütigste und frömmste Tier. Er
begleitete uns Kinder zur Schule und lief mit an den See, wenn wir
baden wollten. Wenn wir in die Stadt fuhren, lief er neben dem
Wagen her, zwanzig Kilometer und wieder zurück, ohne zu

ermüden. Wenn man sagte: „Klunter, er lacht ja!", dann zeigte er die riesigen Zähne in einem lachenden Hundemaul.

War Klunter mein bester Freund unter den Tieren, so gehörte, was die Menschen angeht, mein kleines Mädchenherz unserem Gutsnachbarn, Vaters Freund Onkel August. Wenn er vorbeifuhr, versteckte ich mich unter dem Tisch im Herrenzimmer, um der Unterhaltung zuzuhören. Aber Vater zog mich bald hervor, ich mußte einen Knicks machen, bekam von Onkel August eine Tüte Bonbons und wurde aus dem Zimmer geschickt.

Der Onkel hatte stets ein seidenes Tüchlein in der Brusttasche, und ich behielt ihn in Erinnerung als einen Mann von großer Eleganz. Zum Souper erschien er im Frack, Perlen im Frackhemd. Man sah es ihm nicht an, daß er kurz vorher aus dem Schlitten in den tiefen Schnee gesprungen war, um einen Hirsch zu erschießen, der gerade über die Schneise (clearing) wechselte (crossed).

Unsere Berliner Verwandten wollten – es war die Zeit während des Ersten Weltkrieges – die Sommerferien außerhalb der Großstadt verbringen. So kamen sie meistens zu uns aufs Land. Oft unternahmen wir Picknickfahrten an den See. Man fuhr mitten durch den schönsten Wald, zuletzt auf einer selten befahrenen, breiten Schneise. Dann öffnete sich der Wald – und da lag der See. Hohes Gras und Schilf waren an seinen Ufern. Am See erwarteten uns Freunde von Nachbargütern, auch mit ihrem Ferienbesuch. Alle stürzten sich fröhlich in das sonst so stille Wasser.

An einer flachen Stelle im See hatte Vater das Schilf abmähen und eine Schafwäsche bauen lassen, einen ins Wasser gebauten Lattenrost, auf dem die Knechte lagen und die Schafe wuschen. Auf einer der Scheunentennen (threshing floors) wurden sie dann geschoren. Die Knechte packten sie auf lange, niedrige Tische, an denen Frauen aus dem Dorf hockten, die mit breiten Scheren den Tieren schnell die Wolle herunterschnitten. Bald lief ein Schaf nach dem anderen um Pfunde erleichtert dem Stall zu. Die Frauen gingen, von der Arbeit ermüdet, nach Hause.

Manchmal nahm mich Vater im Jagdwagen mit an den See. Er band das Pferd an einem Baum fest, dann schwamm er mit mir erst am Ufer entlang, aber dann in den See hinaus. Nach dem Baden fuhren wir um den See herum und gingen beim Förster vorbei. Auf der Rückfahrt erlegte Vater manchmal noch einen Bock ...

(Basiert auf: Liselotte Schwiers, *Das Paradies liegt in Pommern*)

## *Übungen*

**A** *Answer the following questions in German.*

1 What were the village children so afraid of?
2 Why would one think that Klunter might be a vicious animal?
3 What sort of pursuit would the father's friend sometimes follow before appearing elegantly at dinner?
4 What period do these reminiscences refer to?
5 The sheep had to go through some sort of process which involved the lake. What was it?

**B** *Which words suggest the period of German country life that the text refers to?*

**C** *Now that you are familiar with the text and have internalised the idea of spatial prepositions, put them into the appropriate gaps – without 'cheating'!*

1 Er begleitete uns Kinder _ _ _ Schule.
2 Wenn wir _ _ die Stadt fuhren, ...
3 lief er _ _ _ _ _ dem Wagen her.
4 Klunter war mein bester Freund _ _ _ _ _ den Tieren.
5 Ich versteckte mich _ _ _ _ _ dem Tisch _ _ Herrenzimmer.
6 Ich wurde _ _ _ dem Zimmer geschickt.
7 Kurz vorher war er _ _ _ dem Schlitten _ _ den tiefen Schnee gesprungen.
8 Unsere Berliner Verwandten wollten die Sommerferien _ _ _ _ _ _ _ _ _ der Großstadt verbringen.
9 So kamen sie meistens _ _ uns _ _ _ _ Land.
10 Oft unternahmen wir Picknickfahrten _ _ den See.
11 Man fuhr mitten _ _ _ _ _ den schönsten Wald, zuletzt _ _ _ einer selten befahrenen, breiten Schneise.
12 Hohes Gras und Schilf waren _ _ seinen Ufern.
13 Alle stürzten sich fröhlich _ _ das sonst so stille Wasser.
14 Die Knechte packten sie _ _ _ lange, niedrige Tische, _ _ denen Frauen aus dem Dorf hockten.
15 Die Frauen gingen _ _ _ _ Hause.
16 Vater nahm mich _ _ Jagdwagen mit _ _ den See.
17 Dann schwamm er mit mir erst _ _ Ufer _ _ _ _ _ _ _.
18 Aber dann schwammen wir _ _ den See hinaus.
19 Nach dem Baden fuhren wir _ _ den See herum.
20 Wir gingen _ _ _ _ Förster _ _ _ _ _ _.

| *Jagdvokabular* | *Hunting vocabulary* |
|---|---|
| **auf Jagd gehen** | to go hunting |
| der **Bock** | stag |
| **erlegen** | to shoot dead |
| der **Hirsch** | red deer ⎫ venison |
| das **Reh** | roe deer ⎭ |
| **wechseln** | to cross |
| das **Wild** | game |
| das **Wildschwein** | wild boar |

**Gefahr**

**Starker Wildwechsel**

**D** *Fill the gaps with the missing* **d..-/ein**-*type words, taking care to remember whether the case should be DO, IO or PO.*

1 Sie plumpsten schreiend aus _ _ _ Bäumen.
2 Er lief mit an _ _ _ See, wenn wir baden wollten.
3 Wenn wir in _ _ _ Stadt fuhren, ...
4 lief er neben _ _ _ Wagen her.
5 Klunter war mein bester Freund unter _ _ _ Tieren.
6 Ich versteckte mich unter _ _ _ Tisch im Herrenzimmer.
7 Ich wurde aus _ _ _ Zimmer geschickt.
8 Der Onkel hatte stets ein seidenes Tüchlein in _ _ _ Brusttasche.
9 Kurz vorher war er aus _ _ _ Schlitten in _ _ _ tiefen Schnee gesprungen, ...
10 um einen Hirsch zu erschießen, der gerade über _ _ _ Schneise wechselte.
11 Unsere Berliner Verwandten wollten die Sommerferien außerhalb _ _ _ Großstadt verbringen.
12 Oft unternahmen wir Picknickfahrten an _ _ _ See.
13 Man fuhr mitten durch _ _ _ schönsten Wald, zuletzt auf _ _ _ _ _ selten befahrenen, breiten Schneise.
14 Hohes Gras und Schilf waren an _ _ _ _ _ _ Ufern.
15 Alle stürzten sich fröhlich in _ _ _ sonst so stille Wasser.
16 ... niedrige Tische, an _ _ _ _ _ Frauen aus dem Dorf hockten.
17 Bald lief ein Schaf nach _ _ _ anderen um Pfunde erleichtert _ _ _ Stall zu.
18 Er band das Pferd an _ _ _ _ _ Baum fest.
19 Dann schwammen wir in _ _ _ See hinaus.
20 Nach dem Baden fuhren wir um _ _ _ See herum.

# Lektion Fünf **Schweizer Pünktlichkeit; Verbrechen**

> *This lesson illustrates the hazards posed by the legendary punctuality of the German-speaking countries – in this case, the German-speaking part of Switzerland. You will also find a dramatised crime incident (with a sting in the tail) and a closer look at present-day crime in one locality.*
>
> *On the language front, we deal with the way German prepositions are used to express notions of time; with the need to observe 'case discipline' in comparisons; and with one way of expressing 'each'.*

## 16  Temporal prepositions and perspectives on time

You will already be familiar with some standard prepositional ways of specifying time (e.g. **im** + month of the year; **am** + day of the week; **um** + time of the day) and also of measuring time (e.g. **seit Weihnachten**, *since Christmas*; **vor zwei Wochen**, *two weeks ago*; **in vier Jahren**, *in four years*).

This section demonstrates a wider range of perspectives on time conveyable by prepositions. The noun phrase following the preposition often designates a period of time or a point in time (e.g. **für zwei Jahre**, *for two years*; **bis Dienstag**, *until/by Tuesday*), but need not do so (e.g. **während der Aufführung**, *during the performance*).

The temporal prepositions are first listed according to the cases they require and with their most likely English equivalents. Note that all the DO/IO prepositions except **auf** and **über** require the IO case when used temporally.

| Case required | Preposition | Translations |
| --- | --- | --- |
| DO | **bis** | till, until, up to, by |
| | **durch** | through, throughout, over (a period of) |
| | **für** | for |
| | **gegen** | about, towards |
| | **um** | about, at |

| IO | ab | (starting) from, after |
|----|-----|------------------------|
| | bei | at, on (the occasion of) |
| | binnen | within |
| | nach | after |
| | seit | since, for |
| | von | from |
| | zu | at, for |
| DO/IO | an | on |
| | auf | for |
| | in | in |
| | über | for, during |
| | vor | ago, before |
| | zwischen | between |
| PO | außerhalb | outside, beyond |
| | innerhalb | within |
| | während | during |

## 17 Temporal prepositions with special features

### a) bis

This can be used on its own only when an explicit time-point follows:

| bis fünf Uhr | till/by five o'clock |
|--------------|----------------------|
| bis nächsten Dienstag | till/by next Tuesday |

Note these idioms:

| bis nachher | till afterwards (i.e. see you later) |
|-------------|--------------------------------------|
| bis bald | till soon (i.e. see you soon) |

If no explicit time-point follows, or if the time-point is preceded by a **d..**- or **ein**-type word, **bis** has to be followed by a further preposition, which then determines the case required:

| bis zu den Ferien | till/by the holidays |
|-------------------|----------------------|
| bis zur Uraufführung | till/by the premiere |
| bis zum 31. Dezember | till/by 31st December |
| bis in vierzehn Tagen | till/by a fortnight from now |
| bis vor einer Woche | till/by a week ago |
| bis auf weiteres | till further notice |

**b) durch**

The sense of **durch** is often completed with **hindurch** after the noun phrase:

**durch mehrere Jahrzehnte hindurch**
through(out) several decades

**c) um**

**um** in the sense of *about* (as distinct from *at* in **um fünf Uhr**) is often completed with **herum** after the noun phrase:

**um Ostern herum**      (round) about Easter

**d) seit**

This means *since* a point in time or *for* a period of time, so **für** is NOT used with periods of time in sentences like the second example below, where the time is measured from the past up to the present:

**Ich stehe hier und warte seit fünf Uhr.**
I have been standing here waiting since five o'clock.

**Ich arbeite hier seit sechs Wochen.**
I have been working here for six weeks.

Note that German requires the present tense in sentences like these.

**e) von**

The sense of **von** is often completed with **an** after the noun phrase (and is identical with that of **ab**):

**Von Dienstag an** ⎱ **bin ich zu Hause.**
**Ab Dienstag** ⎰
I'll be at home from Tuesday (onwards).

But **an** is not used when a second noun phrase follows with **bis**:

**Von Dienstag bis Donnerstag bin ich zu Hause.**
I'll be at home from Tuesday to Thursday.

**f) zu**

This is used in the sense of *at* a point in time, but only with specific time words including **Mal** *(time, occasion)*, **Zeit** *(time)*, **Stunde** *(hour)* and the festivals **Ostern** *(Easter)*, **Pfingsten** *(Whitsun)*, **Weihnachten** *(Christmas)* and **Neujahr** *(New Year)*.

For example:

**zum ersten Mal**     for the first time
**zur Zeit**     at present
**zu jeder Zeit**     at any time
**zu Ostern**     at Easter

### g) auf

**auf** (+ DO) is a less common alternative to **für** with the sense of *for a period of time:*

**Er fährt auf sechs Wochen nach Rußland.**
He is going to Russia for six weeks.

### h) in

The sense of **in**, meaning progress *into* a period of time, is often completed with **hinein** after the noun phrase:

**in den Winter hinein**     into the winter

### i) über

**über** (+DO) is the equivalent of *over* in **über Nacht** *(overnight)* and **übers Wochenende** *(over the weekend)*.

### j) außerhalb, innerhalb

**außerhalb** and **innerhalb** may be followed by a noun phrase in the PO case if there is a **d..-** or **ein-**type word, or by **von** and the IO case, especially if no such word follows:

**außerhalb der Arbeitszeit**     outside working hours
**innerhalb von vierzehn Tagen**     within a fortnight

# Lesetext 1

*Read the following story and try to repeat and remember all the ways time is expressed (printed in bold). You will need this information for the questions that follow.*

### Pünktlichkeit ist eine Zier

In der Schweiz muß man pünktlich sein, denn auch die Schweizer sind es. Pünktlich wie die Uhrzeiger. Alle öffentlichen Plätze, ob unter freiem Himmel oder gedeckt, strotzen von öffentlichen Uhren, und noch im kleinsten Bäckerladen gibt es mindestens zwei.

Zum Beispiel hatte ich mich **für Dienstagabend** mit einem Theaterdirektor verabredet, pünktlich **um 22 Uhr 15, nach der Vorstellung. Am frühen Abend** kam ich in mein Hotel und wollte **zwischen 18.00 und 21.45** etwas schlafen. Ich ließ mich mit der Rezeption verbinden und bat, **um 21 Uhr 45** geweckt zu werden, denn ich wollte zu dem für mich sehr wichtigen Rendezvous **auf die Minute** pünktlich erscheinen.

„Gern", sagte die Rezeption. „Angenehme Ruhe."

Als das Telefon **nach einiger Zeit** klingelte, sah ich, daß es erst **gegen halb acht** war. Ich war wütend, ich wollte **bis 21 Uhr 45** schlafen können. Die Rezeption wollte aber nur noch einmal die richtige Zeit bestätigen. **Innerhalb der nächsten zwei Stunden** wurde ich aus ähnlichen Gründen noch zweimal geweckt.

Und dann passierte, was passieren mußte, ich schlief **nach dem richtigen Anruf** ein und verpaßte das Rendezvous. So etwas war mir **seit sehr langer Zeit** nicht passiert, das letzte Mal war es, als ich **zu meinem Geburtstag** einfach zu viel getrunken hatte. Der Theaterdirektor, den ich **am nächsten Morgen** sofort anrief, war wütend, gab mir aber noch eine Chance, mich **ab Ende** der Vorstellung **um 22 Uhr 15** bei ihm einzufinden. Um nur ja kein Risiko einzugehen, verlangte ich ein Ferngespräch mit Tel Aviv und gab dem bekannt zuverlässigen Weckdienst der dortigen Telefonzentrale den Auftrag, mich **um 21 Uhr 45** MEZ [Mitteleuropäische Zeit] in Zürich zu wecken. Der Weckdienst rief mich auch wirklich keine Sekunde **vor 21.45** an. Übrigens auch **um 21.45** nicht. Er hat mich überhaupt nie angerufen.

(Frei nach: Ephraim Kishon, *Kishons beste Reisegeschichten*)

---

## Übung

**A** *Answer these questions in German, avoiding simple 'Yes/No' answers and practising expressing ideas of time.*

1   Wann sollte Kishon den Theaterdirektor treffen? (drei verschiedene Antworten, die Zeitangaben enthalten)
2   Zu welcher Zeit kam Kishon im Hotel an?

3 Er wollte sich etwas ausruhen. Wurde eine bestimmte Zeit
   genannt, wann das geschehen sollte?
4 Die genaue Zeit, zu der er geweckt werden wollte, bitte!
5 Wann wollte Kishon zu dem wichtigen Rendezvous erscheinen?
   Sehr pünktlich?
6 Um welche Zeit herum war der erste Telefonanruf, der
   Kishon so wütend machte?
7 War es das einzige Mal, daß das Telefon klingelte?
8 Was passierte nach dem letzten Anruf?
9 Bei welcher Gelegenheit ist Kishon so etwas schon einmal
   passiert? Ist es erst vor kurzem gewesen?
10 Wie und wann tritt Kishon mit dem Theaterdirektor in
   Verbindung?
11 Wird Kishon noch eine Chance haben, den Direktor zu
   treffen? Wenn ja, wann?
12 Der Tel Aviver Weckdienst hat einen Auftrag von Kishon.
   Welchen?
13 Wann weckte der Weckdienst Kishon auf?

## 18 Parallel cases in comparisons

In comparisons where two items are compared but only one verb or
verb group is used, the two items must have the same case.
Particular care is required with pronouns in comparisons because
of the conflicting usage in English:

> My son is taller than *me*.
> My son is taller than *I* am.

The same example in German:

> **Mein Sohn** *(SU)* **ist größer als ich** *(SU)*.
> My son is taller than me.

Here are examples of the comparison of nouns, using the SU, DO
and IO cases:

*SU*   **Dieser Schrank** *(SU)* **gefällt mir weniger als der**
      **Schreibtisch** *(SU)*.
      I like this cupboard less than the desk.

      **Die Bank** *(SU)* **liegt weiter weg als die Wechselstube**
      *(SU)*.
      The bank is further away than the exchange bureau.

| | |
|---|---|
| DO | **Den braunen Rock** *(DO)* **mag ich lieber als den dunkelroten** *(DO)*.<br>I like the brown skirt better than the dark red one. |
| | **Den Holzfußboden** *(DO)* **finden wir nicht so praktisch wie den** *(DO)* **aus Fliesen.**<br>We do not find the wooden flooring as serviceable as the one made of tiles. |
| IO | **Meiner Tochter** *(IO)* **traue ich mehr zu als meinem Sohn** *(IO)*.<br>I have more confidence in my daughter than in my son. |
| | **Den Arbeitslosen** *(IO)* **kann der Staat nicht so gut helfen wie den Kranken** *(IO)*.<br>The state cannot help the unemployed as much as the sick. |

# Lesetext 2

*As you read the following conversation, try to imagine the incident as vividly and in as much detail as possible. Some questions follow and you should answer them without referring back to the text.*

## Ein Überfall

| | |
|---|---|
| *Polizist* | Kann ich Ihren Ausweis sehen? Aha, Sie sind Michael Buschmeier, 18 Jahre alt, aus Herford. Sie sind Tankwart bei der Esso-Tankstelle in Möllbergen. Und da sind Sie am Sonntag überfallen worden. Ich möchte auch Ihrer Freundin einige Fragen stellen, denn sie war zu dem Zeitpunkt bei Ihnen, nicht?<br>Also, Sie sind Fräulein Dorothea Cramer aus Bückeburg, 21 Jahre, Verkäuferin bei ALDI. Können Sie beide mir jetzt den ganzen Vorfall beschreiben? |
| *MB* | Es war gegen 23 Uhr 55, als vier maskierte Männer in den Verkaufsraum der Tankstelle kamen und Geld verlangten. |
| *Polizist* | Welchen Eindruck machten die Männer, und waren sie bewaffnet? |
| *MB* | Die Kleidung des ersten war irgendwie sauberer als die des zweiten, und der dritte sah viel drohender aus als der erste. Er hatte zwei Pistolen in der Hand. |

| DC | Ich hatte natürlich schreckliche Angst vor allen vieren, aber es stimmt, ich hielt den ersten für weniger gefährlich als den zweiten und dritten. |
| Polizist | Können Sie die Männer etwas genauer beschreiben? Alter, Kleidung, usw.? |
| MB | Der erste war etwa 20 Jahre alt, etwa 1,80 groß und hatte eine normale Figur. |
| DC | Nein, Michael, der war bestimmt älter als 20, eher 28 oder so. Und er war viel größer, als du ihn beschrieben hast. Ich glaube, über 1,90. Seine Figur war etwa wie Ihre, Herr Kommissar. |
| MB | Also, ich glaube, du denkst, daß der erste größer war, als er eigentlich war, weil du auf dem Stuhl sitzen mußtest. Dadurch sieht vieles größer und höher aus, als es in Wirklichkeit ist. |
| DC | Ich fand ihn viel größer als den zweiten, und der muß etwa 1,80 groß gewesen sein. Auf alle Fälle war der zweite jünger als der erste. Ich schätze ihn auf etwa 20. |
| Polizist | Und wie ist es mit den anderen zwei Männern? Können Sie sich da auf ein Alter einigen? |
| MB | Nein, die trugen Strumpfmasken. |
| Polizist | Können Sie die Kleidung beschreiben? |
| MB | Ich konnte die Sachen, die die beiden letzten anhatten, nicht so gut sehen wie die von den ersten beiden. Der erste hatte eine hellblaue Jeanshose an. Sie sah neuer aus als die von dem zweiten. Der hatte hellblaue Jeans und einen roten schmutzigen Pullover an. Auf dem Kopf hatte er eine Baseballmütze. |
| DC | Mir fiel auf, daß der dritte schlechteres Deutsch sprach als die anderen – mit einem ausländischen Akzent. |
| Polizist | Das ist wichtig. Können Sie sagen oder raten, woher er kam? |
| DC | Er sprach sehr ähnlich wie mein Nachbar, und der kommt aus der Türkei. Aber er sah eher wie ein Inder aus. |
| Polizist | Sie sagten doch, er hätte eine Strumpfmaske getragen. Woran konnten Sie erkennen, daß er wie ein Inder aussah? |
| DC | Ich konnte seine Augen sehen, und seine Haare waren kürzer als die von einem Türken. |
| MB | Seine Maske war dünner und dadurch durchsichtiger als die von dem vierten. Man konnte sein Gesicht etwas erkennen. |

| | |
|---|---|
| *Polizist* | Wieviel Geld haben die vier verlangt? |
| *MB* | Alles, was in der Kasse war. |
| *Polizist* | Und wieviel war das? |
| *DC* | 1 465,57 DM. |
| *Polizist* | Komisch, daß Sie das so genau wissen. Sie saßen doch auf dem Stuhl, Sie konnten also weniger sehen als alle anderen. Sie müssen theoretisch auch ängstlicher gewesen sein als Ihr Freund, denn Sie wurden mit zwei Pistolen bedroht. Ich glaube, wir haben eine viel einfachere Erklärung als einen Überfall, was, Dorothea und Michael?? |
| *MB* | Was wollen Sie damit sagen, Herr Beamter? |
| *Polizist* | Ich glaube, das beste ist, wenn Sie mit mir aufs Polizeirevier kommen und weitere Aussagen dort machen. |
| *MB* | Das ist eine Unverschämtheit. Warum haben wir angerufen und den Überfall gemeldet, wenn wir hinterher genau wie Kriminelle behandelt werden? |
| *Polizist* | Weil es der älteste Trick ist, die Polizei anzurufen, einen Überfall zu melden und dann so zu tun, als ob andere das Geld aus der Kasse gestohlen hätten. Aber manchmal sind die Täter dümmer, als sie denken. |

| *Polizei- und Kriminalvokabular* | | *Police and crime vocabulary* |
|---|---|---|
| der | **Überfall** | raid |
| | **überfallen** | to raid |
| | **stehlen** | to steal |
| der | **Vorfall** | incident |
| die | **Polizei** | police |
| der | **Polizist** | policeman |
| der | **Wachtmeister** | policeman *(often used as form of address)* |
| das | **Polizeirevier** | police station |
| der | **Ausweis** | identity card |
| die | **Aussage** | statement |
| die | **Pistole** | pistol |
| | **bewaffnet** | armed |
| die | **Strumpfmaske** | stocking mask |
| | **maskiert** | masked |
| der | **Täter** | culprit/perpetrator |
| der | **Kriminelle** *(adjectival noun)* | criminal |

## Übungen

**B** *To check that you have understood the conversation, answer these questions.*

1  Was ist das Alter der zwei jungen Leute, die verhört werden?
2  Wieviele Männer sind bei dem ‚Überfall' gewesen und zu welchem Zeitpunkt?
3  Welcher von den ‚Verbrechern' war der sympathischste?
4  Sprachen sie alle gutes Deutsch?
5  Was wurde gestohlen, und woher kam es?
6  Weiß man, wer die Schuldigen sind?

**C** *Try to form your own comparative forms by translating these sentences, but don't look at the conversation. (You may listen to it if you have the cassettes.)*

1  His clothing was cleaner than that of his colleague.
2  The third man was much more threatening than the first one.
3  She considered the first as less dangerous than the second and the third.
4  He spoke German much worse than the other two.
5  The first man had a figure like you.
6  You were able to see less than all the others!
7  She was more afraid then than she is now.
8  His mask was thinner and more transparent.
9  We have a much simpler explanation than we thought.

## 19  The distributive word *je*: 'to each an identical number of items'

The **d..**-type word **jed..** *(each, every)* enables the idea of the equal distribution of a number of items to be expressed:

**Jedes Enkelkind bekam zwanzig Mark von den Großeltern.**
Each grandchild received twenty marks from the grandparents.

However, the distributive word **je** is a more colloquial way of expressing the same idea. The recipient noun is now in the plural, as in the English:

**Die Enkelkinder bekamen je zwanzig Mark von den Großeltern.**
The grandchildren received twenty marks each from the grandparents.

But whereas the position of *each* is relatively flexible in English –

The grandchildren *(each)* received twenty marks *(each)* from the grandparents.

– the position of **je** is fixed, in front of the items distributed. Not even prepositions are allowed to follow it. Some more examples:

**Vater und Sohn besitzen je zwei Wagen.**
Father and son each own two cars/own two cars each.

**Den Angestellten des Büros stehen gestaffelt je zwanzig Tage Urlaub zu.**
The employees in the office are each entitled to twenty days' holiday on a staggered basis.

**Die Angeklagten wurden zu je fünf Jahren Gefängnis verurteilt.**
The accused were sentenced to five years' imprisonment each.

# Lesetext 3

*Vokabular*

| | | |
|---|---|---|
| die | **Kriminalität** | crime (rate) |
| der | **Diebstahl** | theft |
| | **Diebstahl aus** | |
| | **Kraftfahrzeugen (Kfz.)** | theft from vehicles |
| | **Diebstahl an** | |
| | **Kraftfahrzeugen (Kfz.)** | vehicle theft/car theft |
| der | **Fahrraddiebstahl** | bicycle theft |
| der | **Ladendiebstahl** | shoplifting |
| der | **Personenkraftwagen** | |
| | **(PKW)** | private car |
| das | **Zweirad** | two-wheeled vehicle |
| | **Vermögensdelikte und** | fraud and forgery |
| | **Fälschungen** | |
| | **sonstige Diebstähle** | other thefts |
| das | **Delikt** | offence/crime |
| die | **Straftat** | criminal offence/act |

| das | **Rohheitsdelikt** | violent crime |
| die | **Verrohung** | increasing tendency to violence |

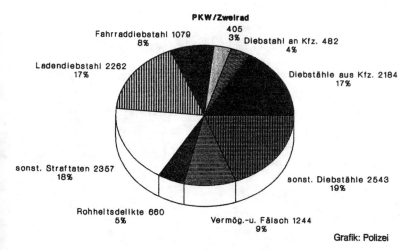

Grafik: Polizei

## Interpretation einer Kriminalitätsstatistik

Der Polizeipressesprecher erklärte, daß es im letzten Jahr weniger Diebstahlsdelikte (8 955 – 67,23 Prozent) gab als im Jahr davor (9 634 – 70,05 Prozent). Ladendiebstähle sind weniger geworden, dagegen sind Fahrraddiebstahl und Diebstahl an Fahrzeugen leicht gestiegen. 2 262 mal wurde ein Ladendiebstahl angezeigt. Einen größeren Anteil haben immer noch Diebstähle „rund um das Kraftfahrzeug", diese sind auf 2 184 gestiegen.

Die Tatorte lagen meistens in der Nähe der Autobahn. Viele Delikte werden von reisenden oder organisierten Tätergruppen aus Osteuropa ausgeübt. Von den insgesamt ermittelten 2 591 Tatverdächtigen waren 575 Ausländer (22,19 Prozent), 206 davon Asylsuchende.

Die Polizei spricht auch von einer Verrohung der Täter. 660 Delikte wurden angezeigt (548 im Vorjahr). Raubüberfälle auf Spielhallen und Tankstellen nahmen sehr zu. Die Zahl der Banküberfälle ging zurück. 38 Prozent waren bei der Polizei „alte Bekannte" …

Wenn man bedenkt, daß für einen Täter je XX Polizeistunden verbraucht werden, daß für ein Delikt je XX Liter Benzin für Polizeiautos verbraucht werden, dann weiß man vielleicht ein bißchen, wie teuer unser Schutz je Einwohner ist.

(Basiert auf: Vlothoer Anzeiger)

# Lektion Sechs **Die BILD-Zeitung**

> This lesson introduces you to BILD, Germany's most sensational and opinion-forming daily newspaper, with by far the largest circulation of all the dailies.
>
> We also start looking at the third dimension of the use of prepositions – to express notions other than space or time.

## Lesetext 1

*The words printed in bold type are prepositions (or prepositions + **d..**) referring neither to time nor to place. Try to work out their English equivalents, which are sometimes 'close', sometimes 'distant' and on occasion an idiom not containing a preposition.*

### BILD schafft Lehrstellen

Erstens leben wir in der schönsten aller Gesellschaften, es gibt keine bessere. Und wenn, zweitens, doch mal irgendwas schief geht, hilft BILD. Ob ein **für** populär gehaltener, aber bankrotter Fußballklub die Lizenz verlieren soll, oder trotz Versprechens der Unternehmerverbände, 100 000 neue Lehrstellen zu schaffen, 100 000 Schulabgänger keine Lehrstelle finden – BILD hilft. Erstens, weil man die kleinen Leute **bei** der Stange halten *(keep sweet)* muß, und zweitens, weil die Hilfe Zinsen *(dividends)* trägt.

BILD nimmt die Sache **in** die Hand und zeigt: Es gibt genug Lehrstellen, man muß nur (**mit** BILD) ein bißchen suchen. Kleine, finstere Handwerksbetriebe werden angerufen: „Hab'n Sie nicht noch 'ne Lehrstelle **für** BILD? Ist **für** Sie auch kostenlose Werbung! Ihre Firma wird im Blatt genannt!"

Die meisten brauchen keine Lehrlinge, aber sie sehen ihren Vorteil: „Warten Sie mal. Ich habe meine drei Lehrstellen eigentlich schon vergeben und zugesagt. Aber setzen Sie mich ruhig noch mal in Ihre Zeitung 'rein. Dann kann ich mir die besten 'raussuchen."

Begeisterte Reaktionen in den nächsten BILD-Erscheinungen: „Oberbürgermeister Schmalstieg: Ich bin BILD dankbar!" Und

**zum** Schluß (10 cm hoch): „DANKE!" BILD läßt danken und
bedankt sich **bei** sich selbst. Zwischendurch Erfolgsstorys:
„Sagenhaft, dieser Aufstieg: **Vom** Lehrling **zum** Millionär. **Mit** 18
ging er nach Brasilia (das es damals noch gar nicht gab, G.W.), **mit**
24 eröffnete er eine Privatbank in New York." Oder: Der Herr
Konsul „ein dunkelblauer Mercedes 450 steht vor der weißen
Prachtvilla, exotische Vögel zwitschern in dem parkähnlichen
Garten" (BILD) ist Fabrikbesitzer („Umsatz 10 Millionen Mark im
Jahr"), hat seine Karriere in einem Bankhaus begonnen. „Prima!
Ich habe meinen Traumberuf gefunden", läßt BILD eine
Blumenverkäuferin (12 cm hoch) jubeln. Und eine andere
16jährige: „Hurra, ich habe eine Lehrstelle!" „Wirtschaftsminister
K: Danke! Eine großartige Aktion. Der Erfolg der Lehrlingsaktion
hat bewiesen, daß das Problem der Ausbildungsplätze auch **ohne**
gesetzliche Maßnahmen gelöst werden kann …"

Die meisten Lehrstellen wurden nicht – wie BILD behauptete –
**durch** BILD geschaffen, sondern waren ohnehin offen. Der DGB
(Deutsche Gewerkschaftsbund) Hamburg wertete die BILD-Aktion
so: „Ein Geschäft **mit** der Not und Angst der Jugendlichen. Viele
angebliche Ausbildungsplätze waren **in** Wirklichkeit Ausbildungs-
jobs. Außerdem wurden Lehrberufe angeboten, die keine sind.
Badehelfer **zum** Beispiel oder Zirkushelfer. Manche Betriebe
durften gar keine Lehrlinge ausbilden. Die Lebensmittelkette
,Safeway' z.B. bot 50 Lehrstellen an. Sie hat keine
Ausbildungsbefugnis."

Was BILD wirklich **über** arbeitslose Jugendliche denkt, drücken
zwei Karikaturen aus, die **zu** Anfang und **zu** Ende der Aktion
erscheinen:

Lehrling: „Ich möchte Playboy werden!" Berufsberater:
„Solchen Job findest du nicht mal **durch** BILD!"

Ein Chef sagt **zum** andern, auf dessen Gesicht Kußspuren von
Lippenstift zu sehen sind: „Ich sehe schon: Die neue
Auszubildende hat sich bedankt …"

(Basiert auf: Günter Wallraff,
*Reportagen aus dem bundesdeutschen Alltag*, pp. 61–3)

*Vokabular*

| die | **Lehrstelle** | apprenticeship |
|---|---|---|
| der | **Lehrling** | apprentice |
| der | **Unternehmerverband** | employers' association |
| der | **Schulabgänger** | school leaver |
| der | **Handwerksbetrieb** | firm of plasterers or carpenters etc. |
| die | **Firma** | firm |
| der | **Aufstieg** | promotion |
| der | **Fabrikbesitzer** | factory owner |
| der | **Umsatz** | turnover |
| die | **Karriere** | career |
| das | **Bankhaus** | banking house |
| der | **Traumberuf** | dream job/career |
| der | **Deutsche Gewerkschaftsbund** | German Trades Union Congress |
| der | **Ausbildungsplatz** | training place |
| der | **Ausbildungsjob** | (fictitious) trainee job |
| der | **Lehrberuf** | job/trade requiring an apprenticeship |
| der | **Betrieb** | firm, business |
| | **ausbilden** | to train |
| die | **Lebensmittelkette** | supermarket chain |
| die | **Ausbildungsbefugnis** | authority to train apprentices |
| | **arbeitslos** | unemployed |
| der | **Berufsberater** | careers advisor |
| der } die } | **Auszubildende (Azubi)** | trainee |

## *Übung*

**A** *A few questions to be answered in German:*

1 Was haben hier ein bankrotter Fußballclub und Schulabgänger, die keine Lehrstelle finden können, gemeinsam?
2 Was sagt BILD zu dem Problem, ob es genug Lehrstellen gibt?
3 Wie wurde ein Lehrling zum Millionär?
4 Was für ,Luxusartikel' hat der Herr Konsul?
5 Was haben die Blumenverkäuferin und die andere 16jährige gefunden?
6 Wie beschreibt Wirtschaftsminister K die BILD-Aktion?
7 Was hören wir über ,Safeway'?

## 20  Prepositions expressing non-space/time notions

You have seen how prepositions are used to express location in space (Sections 13 and 14) and in time (Sections 16 and 17). We now look at how prepositions are used to express a third dimension of 'reality'. Some of these were printed in bold in Wallraff's article. They encompass a variety of notions, such as causation or lack of causation ('because of'/'in spite of'); existence or non-existence ('with'/'without', 'except'); and relationships such as instrumentality ('by means of'), agency ('[done] by'), comparison ('as against') and topic ('about', 'concerning').

These prepositions are grouped in this and subsequent sections according to the case they require in the noun or noun group that follows. Because we are not dealing here with homogeneous notions like space or time, but with a range of unrelated notions, English equivalents are generally not helpful on their own, so in most cases these are preceded by descriptions of the notions conveyed by the prepositions and followed by examples with translations.

**a)** The following prepositions always require the DO case.

**durch**
The means or intermediary agent by which/whom something happens, is carried out or is caused: *through, by (means of)*

**Der Patient ist durch einen Fehler zu früh entlassen worden.**
Through an error the patient was released too soon.
**Ich habe meinen Mann durch meinen damaligen Freund kennengelernt.**
I got to know my husband through my boyfriend at that time.

The true originator or initiator of an action or process (i.e. not merely intermediary), especially if the action or process is expressed in noun form: *by*

**die Verkündung des Urteils durch den Richter**
the pronouncement of the sentence by the judge

**für** *for*

**gegen**
Opposition or resistance: *against, opposed to*

**Ich habe gegen meinen Willen zugestimmt.**
I consented against my will.

**Wir sind vollkommen gegen deinen Vorschlag.**
We are totally opposed to your proposal.

Attitude to someone or something (often, but not always, hostile):
*to, towards, of, at*

**der Haß gegen den Feind**
hatred of/towards the enemy

Contrast: *compared with, as against, unlike*

**Gegen meinen Mann bin ich sehr kunstfreudig.**
Compared with/Unlike my husband, I'm very keen on art.

**ohne** *without*

**um**
The amount by which one item differs from another: *by*

**Die Sitzung wurde um zwei Wochen verschoben.**
The meeting was postponed by two weeks.

**b)** The following prepositions require the PO case.

**statt** *instead of*

**trotz** *despite, in spite of*

**wegen** *because of, on account of*

---

## *Übung*

**B** *A translation exercise to practise these prepositions.*

1 The firm got the best apprentices through BILD.
2 The German Trades Union Congress has a prejudice against BILD.
3 Some readers are totally against the BILD campaign.
4 In spite of the wonderful dream job, the 16-year-old does not earn a lot of money.
5 The calculations were wrong by 200 DM.
6 He left Germany at the age of 18 and without any money.
7 BILD apparently does a lot for the 'little' people.
8 Shady firms become famous by means of BILD's free advertising.
9 The wonderful campaign by BILD meant an apprenticeship or a dream job for some people in the end.

10   The BILD action is a trade on people's fear instead of real
     help.
11   BILD is against unemployed youngsters.
12   The colleague knows how the new trainee thanked her boss
     because of the lipstick on his face.

# Lesetext 2

*This interview reveals some interesting facts about residential
accommodation in Germany:*

- *Renting accommodation (as opposed to owning one's own home) is
  very common throughout German society.*
- *The capacity of a unit of accommodation tends to be measured and
  quoted in square metres rather than in number and types of rooms.*
- *There is both individual and collective responsibility for the grounds
  and stairwell of a house divided into flats.*

## Bild-Interview

Ein BILD-Reporter sucht einen Wohnungsvermieter auf, der
versucht, seine Mieter aus dem Haus hinauszuekeln *(drive out)*,
indem er es völlig verwahrlosen *(fall into disrepair)* läßt. Es ist ein
langes Interview und zeigt die Methoden, wie BILD vorgeht, um
einen Artikel von sensationellem Interesse zusammenzustellen.

| | |
|---|---|
| *Reporter* | Es sind in Ihrem Haus doch eine Menge Sachen, die für die Mieter eine Zumutung *(unreasonable situation)* sind, die sie so nicht hinnehmen können. Ich hab' mir das Haus ja angesehen. Das fängt damit an, daß die Schellen rausgerissen sind, daß das Haus nicht mehr verschließbar ist, daß die Hoftür fehlt, daß das Wasser die Wände runterläuft. In dem Haus kann beim besten Willen keiner, erst recht, wenn er Kinder hat, einigermaßen anständig leben. Und deshalb muß da was geschehen. |
| *Schmidt* | Geben Sie mir das Geld dafür? |
| *Reporter* | Wie bitte? Na, hören Sie mal. Wenn Sie da im Jahr 23 000 bis 25 000,- DM Miete kriegen ... |
| *Schmidt* | Ja, Sie müssen das Geld doch erst mal reinkriegen. Und die Unkosten, die Kosten ... |

| | |
|---|---|
| *Reporter* | Selbst die Fensterscheiben, die sind ja nicht von Ihnen repariert. Da ist zufällig ein Mieter, der ist Glaser. Zum Glück! Und der ersetzt die Scheiben dann auch noch auf seine eigenen Kosten. |
| *Schmidt* | Au, au, au, ja, ja, aber ... |
| *Reporter* | Ich kann natürlich Informationen über Ihre zahlreichen anderen Häuser einholen. |
| *Schmidt* | Nein, es geht um dieses Haus. Es geht um dieses, ganz allein um dieses Haus. Und ich meine, was zumutbar ist, das wissen wir selbst am besten, das sind für uns Routine-Sachen ... |
| *Reporter* | Ich meine, Sie wollen das Haus, wenn Sie die Mieter jetzt vertrieben haben, zu Luxuswohnungen umbauen lassen. |
| *Schmidt* | Ja, genau. |
| *Reporter* | Und dann welche Mieten zur Grundlage nehmen? Wahrscheinlich doch Mieten je nach Quadratmeterzahl der Wohnfläche. |
| *Schmidt* | Ja, natürlich. |
| *Reporter* | Das heißt aber, daß die Mieter, die jetzt drin sind, da nicht mehr wohnen können, da die das Geld nicht haben. |
| *Schmidt* | Ja, aber soll das Haus noch mehr verfallen, oder was woll'n wir damit machen? Also wissen Sie, ich komme im Moment mit der Logik nicht ganz mit. |
| *Reporter* | Wieso, Sie lassen das Haus doch systematisch verfallen. Ich meine, da wohnen Leute 33 Jahre drin. |
| *Schmidt* | Da wohnt *einer* seit 33 Jahren! |
| *Reporter* | Nee, da wohnt auch noch 'ne alte Frau, die wohnt sogar 35 Jahre da. |
| *Schmidt* | Das ist 'ne Familie mit Vater, Mutter und Tochter und deren Ehemann. |
| *Reporter* | Das sind schon mal vier Menschen. |
| *Schmidt* | ... na die Sümeli, also die Tochter, ist ja jünger, die wohnt natürlich noch nicht so lange da. Der Mann ist ja nun ein Ausländer. Also, der is' ja nur ... |
| *Reporter* | Moment. Sümeli. Der Name klingt ausländisch, und es ist eine Deutsche, obwohl Ausländer natürlich ... |
| *Schmidt* | Ja, das ist Erika Sümeli, die Tochter. |
| *Reporter* | ... auch keine Menschen zweiter Klasse sind, vielmehr sein sollten! Oder?! |
| *Schmidt* | Aber darum geht es doch nicht. Wir bauen schließlich alles um. |

*Reporter*    Aber Sie haben die Kündigungen rausgeschickt.

*Schmidt*    Nun entschuldigen Sie mal, wir können doch nicht investieren und dieselben Mieten beibehalten. Entschuldigen Sie bitte. Ich weiß nicht ...

*Reporter*    Ich meine, Sie sind doch nicht Inhaber, Sie sind doch nur der Geschäftsführer, oder? Wen meinen Sie eigentlich damit, wenn Sie ständig von ‚wir' sprechen? Ich meine, machen wir uns nichts vor, Sie gehen doch nur vom Kapitalinteresse aus.

*Schmidt*    Sie etwa nicht?

*Reporter*    Wir müssen uns die Probleme der Mieter ansehen. Sie müssen von den Möglichkeiten der Mieter ausgehen.

*Schmidt*    Ja, und was heißt das?

*Reporter*    Ja, daß Sie denen das so herrichten, daß die menschenwürdig drin wohnen können und nicht mit aller Gewalt durch tüchtiges Nachhelfen alles verkommen lassen, um die Mieter so das Fürchten zu lehren, daß sie freiwillig von dannen ziehen.

*Schmidt*    Ach du lieber Gott! So schlimm ist es doch nun auch wiederum nicht!

*Reporter*    Da bin ich anderer Meinung. Ich hab' mir da die regelmäßigen Überweisungen angesehen. Einzelne Ausländer überweisen die Mieten sogar für Monate im voraus aus Angst, daß sie die Wohnung verlieren. Passen Sie auf. Ich möchte das gerne nicht nur als Einzelfall darstellen. Geben Sie mir die Adresse der anderen Häuser, die Sie verwalten. Daraus mache ich eine große Geschichte, wie es da insgesamt aussieht. Vielleicht sogar eine Serie ...

*Schmidt*    Nur wenn der Artikel auch objektiv ist, beidseitig objektiv.

*Reporter*    Beidseitige Objektivität gibt es nicht. Wir wollen ja nicht immer nur Einzelmißstände *(isolated abuses)* darstellen. Wir wollen ja auch insgesamt die Situation mal aufzeigen.

*Schmidt*    Wie meinen Sie: die Situation? Was wir verwalten?

*Reporter*    Sie haben ja nun nichts zu verbergen. Sie können mir also unbesorgt die Adressen geben.

*Schmidt*    Ich kann Ihnen gar keine Adressen geben. Ich muß erst mal die Eigentümer fragen. Ich kann über deren Köpfe nichts hinwegmachen, und die stehen dann morgen in der Zeitung. Entschuldigen Sie bitte.

*Reporter*  Das sind höchstens mildernde Umstände, aber Sie sind trotzdem auch schuldig. Denn als Verwalter müssen Sie den Eigentümern doch ausdrücklich klarmachen, was zu tun ist, damit das ein menschengerechtes Wohnen für die Mieter wird.

*Schmidt*  Ich bin doch nur Vermittler und muß dafür sorgen, daß die Mieten pünktlich kommen, daß der Vordergarten in Ordnung ist und daß das Treppenhaus sauber ist. Im übrigen müßten Sie alle Hausbesitzer überall anklagen. Wer soll denn dieses menschenwürdige Wohnen bezahlen? Überhaupt, das frage ich mich die ganze Zeit: Was interessiert das die BILD-Zeitung überhaupt?

*Reporter*  Es geht um die Ausweitung und Präzisierung des Begriffs ,Terrorismus'. Ich spreche von einem ganz anderen Terrorismus und zwar dem den Mietern gegenüber. Es gibt nämlich so 'ne Terroristen und so 'ne. Nur die letzteren laufen alle noch frei rum, und kein Steckbrief *('wanted' poster)* warnt vor ihnen …

*Schmidt*  Was erlauben Sie sich, wer gibt Ihnen das Recht, so mit mir zu reden?

*Reporter*  Wir wissen doch genau, was Terrorismus ist. Keine Angst, ich werde diesen Artikel und auch die Serie nicht allein schreiben. Da haben wir immer 'nen ganzen Stab dran. Da sind Hausjuristen *(the firm's own lawyers)*, die das Ganze absichern *(check for legality)*, Zuträger *(personnel who contribute additional items)* und Zuschreiber *(personnel who add to the copy)*, Umschreiber *(personnel who rewrite copy)*, Draufschreiber *(personnel who strengthen the copy)*, die dem Ganzen noch den letzten Pfiff geben, und nicht zu vergessen die Absegner *(personnel who 'give it their blessing', i.e. do the final check)*. Wir wissen genau, was wir tun. Wir sind eine unangreifbare Mannschaft, und wer sich uns entgegenstellt, der wird zu spüren kriegen, mit wem er sich da anlegt.

*Schmidt*  Ich protestiere aufs entschiedenste. Ohne mich. Ohne uns.

*Reporter*  Sie werden sich das gut überlegen und bedenken Sie gut, mit wem Sie es zu tun haben. Wir sind nicht irgendwer. Wir sind die BILD-Zeitung.

(Basiert auf: Günter Wallraff,
*Reportagen aus dem bundesdeutschen Alltag*, pp.140–47)

*Vokabular*

| der | Wohnungsvermieter | landlord (of flats) |
|-----|-------------------|---------------------|
| der | Mieter | tenant |
| die | Schelle | door bell |
| | verschließbar | lockable |
| die | Hoftür | yard gate |
| die | Wand | wall |
| | leben | to live |
| die | Miete | rent |
| die | Fensterscheibe | window pane |
| die | Luxuswohnung | luxury flat |
| | umbauen | to convert/rebuild/renovate |
| der | Quadratmeter | square metre |
| die | Wohnfläche | living space |
| | wohnen | to live (i.e. dwell) |
| | verfallen | to become dilapidated |
| die | Kündigung | notice to quit |
| der | Inhaber | owner |
| der | Geschäftsführer | manager |
| | verkommen | to fall to pieces |
| | von dannen ziehen | to move out |
| die | Überweisung | bank transfer |
| | überweisen | to transfer |
| die | Wohnung | flat |
| | verwalten | to manage |
| die | Adresse | address |
| der | Eigentümer | owner |
| der | Verwalter | administrator/manager |
| | menschengerechtes Wohnen | acceptable living conditions |
| der | Vermittler | intermediary |
| der | Vordergarten | front garden |
| das | Treppenhaus | stairwell |
| der | Hausbesitzer | house owner |
| | menschenwürdiges Wohnen | decent living conditions |

## *Übung*

**C** *Answer the following questions in German.*

1   Was ist alles ‚kaputt‘ an dem Haus (4 Dinge)?
2   Und die Fensterscheiben?
3   Warum sollen die Mieter vertrieben werden?
4   Warum können die Mieter, die jetzt drin sind, nach dem Umbau nicht weiter da wohnen?
5   Der Verwalter hat die Kündigungen herausgeschickt. Welchen Grund hat er?
6   Weshalb überweisen einzelne Ausländer die Mieten für Monate im voraus?
7   Warum möchte der Reporter die Adressen der anderen Häuser haben, die Herr Schmidt verwaltet? (zwei mögliche Antworten)
8   Glaubt Herr Schmidt, daß er als Verwalter verantwortlich für menschengerechtes Wohnen der Mieter ist? Welche Rolle sieht er für sich?
9   Von welcher Art von Terrorismus spricht der Reporter hier? Werden diese Terroristen bestraft?
10  Die BILD-Zeitung weiß genau, was sie tut. Sie kann nicht angegriffen werden. Wie bezeichnet der Reporter das Personal?

# Lektion Sieben **Die Musik: Richard Wagner**

Here we meet one of the legendary figures of 19th century German musical culture, Wagner, but in the context of the interview technique so essential to the mass media of a century later.

We also complete our study of the use of the prepositions.

## Anekdote

Richard Strauß wurde oftmals von jungen Komponisten bedrängt, sein Urteil über ihr Tonschaffen abzugeben. Der Meister tat das ungern. Einmal aber war es durch einflußreiche Freunde doch einem gelungen, bis zu Strauß vorzudringen. Hinterher wartete der Kunstjünger gespannt auf das Urteil. „Sie hätten verdient, vor Beethoven zu spielen," entschied der Meister. „Das wäre zuviel der Ehre," erwiderte der junge Mann geschmeichelt. „Durchaus nicht," sagte Strauß. „Es ist Ihnen vielleicht bekannt, daß Beethoven taub war!"

(Vlothoer Anzeiger)

---

*Übung*

**A** *Frage:*

Was ist die Pointe? (Answer in German or English.)

---

## Lesetext

*The phrases printed in bold in this interview demonstrate the non-spatial, non-temporal use of prepositions, often in a highly idiomatic way. Try to make sense of them as you read through the interview. You will be given help with them later in the lesson.*

## Ein Interview

Gudrun Meiner, eine Bayreutherin, mit Hermann Junge, einem Reporter und Wagner-Fan. Bayreuth ist die Stadt Richard Wagners.

*HJ*    Sie haben eine schöne Wohnung, einen guten Job, einen Mann und einen Sohn. Sie müssen glücklich sein, in Bayreuth zu leben.

*GM*    Warum? Wir wohnen hier nur **aus einem Grund**, und der ist, daß meine Eltern in der Nähe wohnen.

*HJ*    Aber Bayreuth ist doch berühmt **wegen der Wagner-Festspiele**. Sie sind eine internationale Attraktion **für Musikliebhaber. Man kommt kaum an die Konzertkarten heran.**

*GM*    **Bei uns** hat Wagner nicht so einen guten Ruf. **Mit seiner lauten Musik** stört er die Bayreuther nur.

*HJ*    Kennen Sie denn wenigstens das **Haus von Wagner**, ,Villa Wahnfried'?

*GM*    Nein, **ich bin noch nie auf die Idee gekommen**, mir diese Villa anzugucken. Außerdem ist es **meiner Meinung nach** unfair, daß die Konzertkarten so teuer sind, daß wir Bayreuther sie uns nicht leisten können. Und – wie ich schon sagte – die **Musik von Wagner** ist für mich zu laut **zum Zuhören.**

*HJ*    Wissen Sie eigentlich, daß Franz Liszt und Houston Stewart Chamberlain auf dem Friedhof gegenüber Ihrem Hause liegen?

*GM*    **Mit den Namen kann ich nichts anfangen.** Wer sind sie?

*HJ*    Na, Chamberlain ist ein britischer Rassenapostel und **hat eine Menge Schuld an Hitlers Rassentheorien**, und Liszt ist **Komponist von großartigen Werken** und war Wagners Schwiegervater.

*GM*    Und **was haben die mit Bayreuth zu tun?** Warum sind die hier auf dem Friedhof?

*HJ*    Wagner ist das **Zentrum bei allem**. Liszt war – wie gesagt – sein Schwiegervater, Chamberlain sein Schwiegersohn. Cosima Wagner, also die **Tochter von Liszt**, hatte zwei **Töchter aus erster Ehe** mit einem anderen Musiker, Hans von Bülow, und sie hatte einen Sohn und zwei **Töchter aus zweiter Ehe mit Wagner. Eine von diesen** heiratete Chamberlain.

*GM*    Meine Güte, wie kompliziert, ich kann **vor lauter Konzentration** kaum noch der Familiengeschichte folgen,

|      |                                                                 |
|------|-----------------------------------------------------------------|
|      | aber es ist sehr interessant. Dieser Chamberlain, woher weiß man eigentlich **etwas über seinen Einfluß auf Hitler?** |
| *HJ* | Chamberlains **Buch über** „Die Grundlagen des 19. Jahrhunderts" war Hitlers Bibel, und Hitler besuchte immer ein Konzert von Wagner, wenn er **unter großem Streß** war, z.B. am Vorabend vor einem Kampf. |
| *GM* | Mein Güte. Dann kam Hitler also oft nach Bayreuth. |
| *HJ* | Ja, er war **mit der jungen Wagner-Witwe** Winifred, übrigens auch eine Engländerin, befreundet. Das war die **Schwiegertochter von Richard Wagner.** |
| *GM* | Das bedeutet also **auf Hochdeutsch,** daß Hitler viel **Hilfe von verschiedenen Engländern** bekam, ich bin **platt vor Erstaunen.** Das hätte ich nie gedacht. |
| *HJ* | Ja, und Winifred hat ihm sogar, als er im Gefängnis war, **Papier zum Schreiben** geschickt. **Mit diesem Papier** hat er sein Buch „Mein Kampf" geschrieben. |
| *GM* | Ich weiß nichts zu antworten **vor lauter Schrecken.** Und unsere Rollen waren **beim Interview** vertauscht. Normalerweise fragt der Interviewer **beim Interviewen,** und der andere muß antworten. **An meinen Antworten merkten Sie** aber, daß ich **Ihnen gegenüber** sehr uninformiert bin, so daß ich selbst langsam **zum Interviewer wurde.** Es war lustig und lehrreich. |
| *HJ* | Sie haben recht. **Unter diesen Bedingungen** werde ich nie zu einem guten Reporter. **Auf Nicht-Wiedersehen,** Frau Meiner!! |

The Wagner Tuba

*(The Penguin Hoffnung)*

## Übung

**B** *Some questions to be answered in German:*

1 Welche Probleme gibt es für Leute wie die Familie Meiner beim Kauf von Konzertkarten?
2 Wie beschreibt Frau Meiner Wagners Musik?
3 Inwieweit gehört Chamberlain zur deutschen Wagner-Familie?
4 Was hat Chamberlain mit Hitler zu tun?
5 Was hat Liszt mit Wagner zu tun?

| *Familienvokabular* | | *Family vocabulary* |
|---|---|---|
| der | **Ehemann/Mann** | husband |
| die | **Ehefrau/Frau** | wife |
| der | **Sohn** | son |
| die | **Tochter** | daughter |
| die | **Schwester** | sister |
| der | **Bruder** | brother |
| die | **Großmutter** | grandmother |
| der | **Urgroßvater** | great-grandfather |
| der | **Schwiegervater** | father-in-law |
| der | **Schwiegersohn** | son-in-law |
| die | **Schwägerin** | sister-in-law |
| der | **Schwager** | brother-in-law |
| der | **Stiefsohn** | stepson |

## 21 Prepositions expressing non-space/time notions: with IO case

**aus**

Material from which something is made: *(made out) of, (made) from*

**eine Bank aus Holz und Eisen**
a bench made of wood and iron

Impelling reason or cause: *out of, from, for*

**aus keinem anderen Grund**
for no other reason

**eine Spende aus Mitleid mit den Opfern**
a donation out of sympathy with the victims

**außer** *except*

**bei**
Associated conditions, factors, circumstances or participants: *with, in*

> **Bei den Nachbarn habe ich einen schlechten Ruf.**
> I've got a bad reputation with the neighbours.

> **Bei dieser Menge Schnee ist das Fahren unverantwortlich.**
> Driving in this amount of snow is irresponsible.

By extension: notwithstanding or as a result of such conditions, etc.: *in spite of, because of*

> **Bei all seinen großartigen Leistungen war er bescheiden und hilfsbereit.**
> In spite of all his splendid achievements, he was modest and helpful.

> **Bei meinen schlechten Noten werd' ich wohl sitzenbleiben.**
> Because of my bad marks I'll probably have to repeat the year.

**gegenüber**
Contrast: *compared with, as against, unlike*

> **gegenüber vorigem Sommer**
> compared with last summer

> **Ihm gegenüber bin ich geradezu naiv.**
> Compared with him I am positively naive.

Posture in relation to someone or something: *to, towards, at*

> **die Haltung der Bundesrepublik gegenüber der Europäischen Union**
> the attitude of the Federal Republic towards the European Union

**mit**
Instrument, device or tool by which a process is carried out, or means of transport: *with, by means of, by*

> **Den rostigen Nagel kriegst du mit keiner Kneifzange heraus.**
> You won't get that rusty nail out with (a pair of) pincers.

> **mit dem Fahrrad**
> by bicycle

**nach** *according to* (and idiomatic variants)

> **nach der neuesten Statistik**
> according to the latest statistics

> **meiner Ansicht/Meinung nach**
> in my opinion

> **der Reihe nach**
> in turn

**von**

The true (animate) originator or initiator of an action or process; or the creator of an object or work; or (less often) the inanimate cause of a process: *by*

> **Der Redner wurde vom Vorsitzenden vorgestellt.**
> The speaker was introduced by the chairman.

> **„Buddenbrooks" von Thomas Mann**
> "Buddenbrooks" by Thomas Mann

> **Der Motor wird vom Anlasser in Gang gebracht.**
> The engine is set in motion by the starter motor.

> **„Vom Winde verweht"**
> "Gone with the Wind"

> **Er hat es von selbst geschafft.**
> He managed it by himself.

Belonging to or being a part of: *of, 's/s'* suffix (and idiomatic variants)

> **der Kotflügel von meinem Wagen**
> the wing of my car

> **der Onkel von meinem Vater**
> my father's uncle

Characteristics: *of*

> **ein Filmregisseur von Weltruf**
> a film director of world renown

**zu**

Purpose: *for*

> **Was schenkt man einem Millionär zum Geburtstag?**
> What do you give a millionaire for (his) birthday?

**Ich habe keine Zeit zum Schwatzen.**
I've no time for gossiping.

Attitude towards someone or something: *to*

**Sei nett zu deinem Freund.**
Be nice to your boyfriend.

Price per item: *at*

**sechs Briefmarken zu einer Mark**
six one-mark stamps (i.e. six stamps at one mark [each])

## 22  Prepositions expressing non-space/time notions: with DO or IO case

The rules given in Sections 12 and 16 for selecting DO or IO do not, of course, apply here. The required case is indicated for each type of usage below, except for **auf** and **über**, which always require the DO case when used to express non-space/time notions.

**an**
Applying to, as regards *(IO)*: *of, in, for, from, about*

**unsere Vorräte an Bier**
our stock(s) of beer

**Es fehlt mir an Konzentration.**
I am lacking in concentration.

**Was mir an ihm nicht gefällt, ist ...**
What I don't like about him is ...

A feature through which something becomes evident *(IO)*: *by, from*

**Man hat ihn an einer Narbe erkannt.**
He was recognised by a scar.

**An seinem Verhalten merkte ich, daß er schuldig war.**
I saw from his behaviour that he was guilty.

**auf**
Response or reaction to something: *at, by, on*

**Auf seine Bitte bin ich mitgefahren.**
I went along at his request.

**auf Verlangen des Gerichts**
by order of the court

**Auf Wunsch wird Nachmittagskaffee serviert.**
Afternoon coffee will be served on request.

Indicating the language used: *in*

**Wie heißt das auf deutsch?**
What is that in German?

## über

A topic, or the object of mirth or annoyance: *about, of, on, at*

**ein Roman über das Leben von Wagner**
a novel about the life of Wagner

**Er hat sich über seinen Nachbarn lustig gemacht.**
He made fun of his neighbour.

**einen Vortrag über Verhaltenspsychologie**
a lecture on behavioural psychology

**Man darf nicht über so etwas lachen.**
We mustn't laugh at things like that.

## unter

Attendant circumstances *(IO)*: *under, in, on*

**unter den schwersten Umständen**
under/in the most difficult circumstances

**unter einer Bedingung**
on one condition

## vor

Reason or source, especially an inhibiting one *(IO)*: *for, with*

**Ich konnte vor Erschöpfung/Müdigkeit nicht schlafen.**
I couldn't sleep for exhaustion/tiredness.

**Er zitterte förmlich vor Wut.**
He positively trembled with rage.

---

## *Übungen*

**C** *Now translate the expressions and idioms printed in bold in the interview. Study them and try to remember them for future use.*

**D** *Go back to the **Anekdote** at the beginning of the lesson, study the prepositions and identify those which belong to the group dealt with here.*

# Lektion Acht **Die Deutsche Demokratische Republik**

*Now you are penetrating more deeply into the mysteries of German language and culture. You will see in dialogue and narrative how this century's German past – two cataclysmic wars, the dismemberment of Germany into the Federal Republic and the German Democratic Republic, the economic success (provoking resentment elsewhere) of one of the dismembered parts, finally the reunion of the nation – pursues the Germans of our day both in humour and in personal tragedy.*

*You will also learn how the adjective leads – if your thinking is on the basis of English – into unfamiliar structures. Observe these carefully; if you do, you will find that structures associated with verbs will come easily to you later on.*

„Einmal bedingungslose Kapitulation — einmal Demontage mit Besatzung und Reparationen — halbe Portion Vaterland mit Flüchtlingen gefüllt — Souverän mit gemischten Gefühlen — Währungsschnitt — plus Wehrbeitrag, macht zusammen 11,25 Milliarden ...

(*Die Zeit*, 28. Febr. 1952)

# Lesetext 1

## Unbewältigte Vergangenheit

*Lore*  Sag mal, wie fandest du John Cleese gestern in dieser Komödie „Fawlty Towers", die sich für mich irgendwie sehr anti-deutsch anhörte?

*Alex*  Du, weißt du, ich war schon so oft in England, daß ich so etwas überhaupt nicht ernst nehmen kann. Ich fand es einfach lustig und natürlich übertrieben. Aber diese Serie ist einfach ziemlich krass in ihrem Humor. Ist ja auch schließlich aus den 80ern, glaube ich.

*Lore*  Ja, aber trotzdem, ich kann es nicht haben, daß diese Klischees und Vorurteile einfach immer weiterleben. Wir werfen doch den Engländern auch nicht immer Dresden oder andere Brutalitäten vor.

*Alex*  Aber in dieser Komödie sind doch nur Andeutungen gemacht und eigentlich im Grunde sehr lustige, wenn du an das Menu denkst, das mit Goebbels und Göring vermischt war ... und dann dieser Stechschritt, der doch so grotesk an dem langen John Cleese aussieht. Und ehrlich gesagt, könnte man sich als Gastarbeiter genauso beschweren, wie er Manuel behandelt. Nein, ich finde, es ist typisch für englischen Humor, und wir sollten das auch so verstehen.

*Lore*  Du glaubst also nicht, daß es die allgemeine Einstellung der Briten gegenüber den Deutschen demonstriert? Daß man die Deutschen nur mit Krieg und Holocaust und so assoziiert?

*Alex*  Das kann ich natürlich nicht so allgemein beantworten. Aber ich habe davon nie etwas persönlich gemerkt, wenn ich in England war. Die Leute sind einfach nett, aber sie haben einen anderen Sinn für Humor. Erinnerst du dich nicht an den „Fawlty Tower", wo dieser Tote ständig durch das Hotel geschleppt wird, in einem Wäschekorb landet und schließlich auf einem Stuhl in der Rezeption sitzt? Glaubst du, so was könnte deutsche Produktion sein? So was wäre doch tabu.

*Lore*  Für dich ist das also alles kein Problem. Ich habe immer noch das Gefühl, Deutsche sind unbeliebt. Unsere Nazi-Vergangenheit, dann die Deutsche Demokratische Republik – und vergiß nicht, ich bin da geboren und aufgewachsen –, dann der Rassismus hierzulande. Ich weiß nicht, gut klingt

das alles nicht. Und im Ausland haben wir den schlechten
Ruf, immer die ersten am Strand zu sein und die
Strandliegen zu reservieren.

*Alex*    Das hört sich vielleicht pessimistisch an. Andere Länder
haben auch ihre Probleme. Aber ich glaube, du leidest
immer noch am Ostdeutschland-Westdeutschland-
Komplex. Und das ist ein ganz anderes Thema, das hat
nichts mit John Cleese und seiner herrlichen Rolle als Basil
Fawlty zu tun.

## Übung

**A** *Answer these three questions in German. (The answers cannot simply
be 'lifted' out of the text!)*

1  Wer von den beiden Sprechern ist relativ deprimiert und
warum? (Fünf Kurzantworten: zwei historische Gründe, zwei
Gründe, die sich auf die Gegenwart beziehen, und der Ort, wo
die Person aufgewachsen ist)
2  Wo liegt der Unterschied zwischen deutschem und englischem
Humor? (Sehr freie Antwort)
3  Wie kommt es, daß die eine Person die Sache viel leichter
nimmt?

## 23  Prepositional extension of adjectives

In German, as in English, the meaning of some common adjectives
can be extended by adding a preposition followed by a noun,
pronoun or other structure. Consider the following:

1  (a)  I am proud.
   (b)  I am proud *of* your success.
   (c)  I am proud *of* being your father.
   (d)  I am proud *of* you/your taking the responsibility.

Sometimes, indeed, an adjective makes very little sense without an
extension:

2  (a)  I am keen (?).
   (b)  I am keen *on* music.
   (c)  I am keen *on* getting into university.
   (d)  I am keen *on* you/your getting into university.

Here, *of* and *on* are the prepositions required by *proud* and *keen* respectively. However, the choice of preposition in English is no guide to what is required after the 'equivalent' adjective in German, so these have to be learnt. Fortunately only a few prepositions are used with adjectives. These are given here (with the case required) in approximate descending order of frequency, and with the most commonly used adjectives. In a few instances there is a choice of preposition.

**auf** *(DO)*

| | |
|---|---|
| **angewiesen** | dependent (on) |
| **ärgerlich** | annoyed (at, with) |
| **aufmerksam** | aware (of) |
| **böse** | cross (with) |
| **eifersüchtig** | jealous (of) |
| **gespannt** | excited (about) |
| | [i.e. in anticipation] |
| **neidisch** | envious (of) |
| **neugierig** | curious (about) |
| **scharf** | keen (on) |
| **stolz** | proud (of) |
| **vorbereitet** | prepared (for) |
| **wütend** | furious (with), mad (at) |
| **zornig** | angry (with) |

**Was Kleidung betrifft, ist sie eifersüchtig *auf* ihre Schwester.**
As far as clothes are concerned, she is jealous *of* her sister.

**für** *(DO)*

| | |
|---|---|
| **bezeichnend** } **charakteristisch** } | characteristic (of) |
| **dankbar** | grateful (for) |
| **typisch** | typical (of) |
| **zuständig** | responsible (for) |

**Schweinefleisch mit Kartoffelknödeln ist typisch *für* Bayern.**
Pork and dumplings is typical *of* Bavaria.

**von** *(IO)*

| | |
|---|---|
| **abhängig** | dependent (on) |
| **begeistert** | enthusiastic (about) |
| **müde** | tired (from) |
| **überzeugt** | convinced (of) |
| **unabhängig** | independent (of) |

**vor** *(IO)*

| | |
|---|---|
| **blaß** } | pale (with) |
| **bleich** } | |
| **elend** | miserable (with) |
| **sicher** | safe (from) |
| **sprachlos** | speechless (with) |

(and many others also conveying the idea of the cause of a physical condition)

**Ich fühle mich elend *vor* Hunger.**
I feel wretched *with* hunger.

**an**

| | |
|---|---|
| **arm** *(IO)* | poor (in) |
| **reich** *(IO)* | rich (in) |
| **interessiert** *(IO)* | interested (in) |
| **gewöhnt** *(DO)* | used (to) |
| **schuld** *(IO)* | to blame (for) |

**über** *(DO)*

| | |
|---|---|
| **ärgerlich** | annoyed (at) |
| **begeistert** | enthusiastic (about) |
| **froh** | glad (about) |
| **glücklich** | happy (at, about) |
| **traurig** | unhappy (at, about) |

**Der Dirigent war traurig *über* die schlechte Aufführung.**
The conductor was unhappy *at* the poor performance.

**mit** *(IO)*

| | |
|---|---|
| **einverstanden** | in agreement (with) |
| **fertig (sein)** | to have finished (with*) |
| **verheiratet** | married (to) |
| **verwandt** | related (to) |

* 'with' is not always required in the English:

**Bist du *mit* dem Essen fertig?**
Have you finished your meal?

**Bist du *mit* dem Schraubenzieher fertig?**
Have you finished *with* the screwdriver?

**nach** *(IO)*

| | |
|---|---|
| **durstig** | thirsty (for) |
| **gierig** | greedy (for) |
| **hungrig** | hungry (for) |

**zu** *(IO)*

| | |
|---|---|
| **berechtigt** | entitled (to) |
| **bereit** | ready (for) |
| **fähig** | capable (of) |

**gegenüber** *(IO)*/**gegen** *(DO)*

| | |
|---|---|
| **empfindlich** | sensitive (to) |
| **gleichgültig** | indifferent (to/towards) |

**in** *(DO)*

| | |
|---|---|
| **verliebt** | in love (with) |

## 24  Extension of adjectives to verb phrases

The two example sentences (c) at the beginning of Section 23 show how English adjectives are extended not just to nouns (or noun groups), as in example sentences (b), but to more elaborate ideas. The process can be illustrated as follows:

1(c) (i)  I am your father. I am proud of this.
=     (ii)  I am proud of being your father.

2(c) (i)  One can get into university. I am keen on this.
=     (ii)  I am keen on getting into university.

You will see that the subjects of the two sentences numbered (i) are either identical or at least not mutually exclusive. Whereas English uses the *-ing* form of the verb in the constructions in sentences (ii), German uses **zu** + the **-en** form of the verb, producing verb phrases like these:

1(c) (ii)  **..., dein Vater zu sein.**
2(c) (ii)  **..., auf die Universität zu kommen.**

It is usual in German to retain the preposition appropriate to the adjective by combining it with the prefix **da(r)-**:

**Ich bin stolz *darauf*, dein Vater zu sein.**
**Ich bin scharf *darauf*, auf die Universität zu kommen.**

In such constructions the prefix **da(r)-** represents in advance the phrase following the comma, so that a literal translation of the example sentences might be:

I am proud of this: to be your father.
I am keen on this: to get to university.

With some adjectives, retaining the preposition is optional, as you will see in some of the following example sentences, where the **da(r)-** is bracketed.

**Ich bin (darauf) gespannt, deinen neuen Hut zu sehen.**
I'm dying to see your new hat.

**Mein Vater ist davon abhängig, sein Gehalt rechtzeitig zu bekommen.**
My father is dependent on getting his salary punctually.

**Wir sind nicht (daran) interessiert, die genauen Umstände zu wissen.**
We aren't interested in knowing the exact circumstances.

**Ich bin froh (darüber), endlich zu Hause zu sein.**
I'm glad to be home at last.

The time relationship between the adjective portion of such sentences and the verb phrase can vary; the action of the latter may have been completed before the former:

**Ich bin dankbar dafür, während des Erdbebens aus dem Hause gewesen zu sein.**
I'm grateful to have been out of the house during the earthquake.

**Ich bin überzeugt (davon), diesen Mann irgendwo schon mal gesehen zu haben.**
I'm convinced of having seen this man somewhere before.

## 25 Extension of adjectives to attached sentences

The two example sentences (d) at the beginning of Section 23 each contain an obvious subject ('I') and a second underlying subject ('you'). They can be analysed as follows:

1(d) (i)  I am proud of something: you are taking the responsibility.
=    (ii)  I am proud of you/your taking the responsibility.
2(d) (i)  I am keen on something: you should get into university.
=    (ii)  I am keen on you/your getting into university.

In English, as you can see, such switches of subject merely require the insertion of 'you/your', 'him/his', 'them/their', etc., in front of 'taking', 'getting', etc. In German, however, nothing like this is possible. Ideas involving two different subjects have to be expressed by first stating one subject and the adjective and then adding an 'attached sentence' which contains the second subject, using the 'joiner' **daß**. As with the extension of adjectives to verb phrases (Section 24), the preposition is often retained and combined with the prefix **da(r)-**.

|  | attached sentence | |
|---|---|---|
| *1st subject* | *joiner* | *2nd subject* |
| **Ich bin stolz darauf,** | **daß** | **du die Verantwortung übernimmst.** |
| I am proud of |  | you/your taking the responsibility. |
| **Ich bin scharf darauf,** | **daß** | **du auf die Universität kommst.** |
| I am keen on |  | you/your getting into university. |

As in the examples in Section 24, the preposition is sometimes optional (usually when a 'that' attached sentence is likely in English):

| **Ich bin froh (darüber),** | **daß** | **du endlich zu Hause bist.** |
|---|---|---|
| I'm glad | that | you're home at last. |

# Lesetext 2

*This is a brief insight into everyday life under the Communist regime in the former German Democratic Republic. It is also an exercise to practise the prepositional extension of adjectives. Try to insert the correct prepositions, with **da(r)-** where appropriate.*

**Achtung!**
**Sie verlassen**
**nach 40m.**
**West-Berlin**

Achtung!
Beide Bürgersteige
undFahrbahn gehören
zum Ostsektor
Vorgärten und Häuser
der rechtenStrafzenseite
gehören zumWestsektor

## Meine Mutter und der Generationskonflikt

Während meiner ersten sieben Lebensjahre war ich (1) meinen
Vater angewiesen, zwar war ich begeistert (2) meiner Mutter, aber
ich kannte sie kaum. Es war typisch (3) sie, daß sie meine
Erziehung meinem Vater überließ. Er war völlig zuständig (4) mich.
Oft war ich ärgerlich (5), daß sie scheinbar gar nicht (6) mir
interessiert war. Sie griff nur ein, wenn sie sich (7) meine politische
Erziehung zuständig glaubte. Ich war dann sprachlos (8) Erstaunen,
wenn sie sich zu mir an den runden Eßtisch setzte und vom
Bollwerk des Sozialismus sprach. Sie war Lehrerin an meiner
Schule, war aber sehr engagiert bei der Freien Deutschen Jugend.
Politik war ihr Leben. Sie konnte so wütend (9) sein, wenn man
mit ihr nicht übereinstimmte. Ich war einfach gespannt (10) ihre
Reaktion und provozierte sie manchmal. Wenn sie erzählte, wie sie
sich als Kind aus Arbeiterkreisen mit den Gymnasiasten geprügelt
hat, was sie als „meine Schule des Klassenkampfs" bezeichnete,
war das charakteristisch (11) ihr ganzes Leben und ihre Ideologie.

Ich war so froh (12) ein Gespräch mit ihr, daß ich durchaus (13)
vorbereitet war, bei einem politischen Argument zu ‚verlieren'.
Nach einiger Zeit war ich (14) diese interessanten Debatten
gewöhnt und war manchmal schuld (15) Streitereien zwischen uns
beiden, wenn ich Fragen stellte, von denen ich annahm, daß sie ihr
gefielen. Alle wieviel Jahre wird ein Genie wie Stalin geboren? –
Alle hundert, vielleicht nur alle zweihundert. Gibt es im
Kommunismus keine Mörder und Verbrecher mehr? – Ich war
gespannt (16) ihre Antworten, aber es waren die falschen Fragen,
sie ließen sich zu schnell beantworten. Ich stand noch neugierig

(17) mir unbekannte Information neben dem Eßtisch, wenn sie das Zimmer schon verlassen hatte.

Ich begann, mir Fragen auszudenken, die sie nicht in einem Satz abtun konnte. Ich war zum Beispiel sehr gespannt (18) die Antwort auf folgende Frage: wenn die Arbeiterklasse immer die fortschrittlichste Klasse gewesen war, hätte sie doch als einzige Klasse den Faschismus verhindern können; warum hatte die Arbeiterklasse das nicht getan?

Sie wurde blaß (19) Wut. Sie war sehr empfindlich (20) irgendwelche Kritik an ihrem geliebten Sozialismus. Sie war immer begeistert (21) dem Regime der Deutschen Demokratischen Republik gewesen. Und später war sie natürlich sehr unglücklich (22) die Vereinigung der beiden deutschen Staaten. Als ich jene Frage vor so vielen Jahren stellte, glaubte sie, daß ich (23) einfach nicht berechtigt war. Es gefiel ihr nicht, daß ich ihre Arbeiterklasse, (24) die sie fast verliebt war, anklagte. Sie war überzeugt (25), daß ich ein Opfer feindlicher Hetze geworden war, aber sie konnte mir trotzdem nicht erklären, wer außer der Arbeiterklasse den Faschismus hätte verhindern können.

In der 8. Klasse, in der ich damals war, wurden Themen besprochen, die die aggressive Politik des deutschen Imperialismus und die Kämpfe der deutschen und internationalen Arbeiterklasse vor 1914, den ersten Weltkrieg und die Antikriegsbewegung zum Inhalt hatten. Mich konnte schon als Schulkind diese Propaganda nicht überzeugen.

Ich lernte an diesem Tag, daß meine Mutter nur dann (26) mir interessiert war, wenn ich ihr Fragen stellte, die ihr nicht gefielen. Den ständig erwähnten Friedensbestrebungen unserer sozialistischen Heimat (27) war ich gleichgültig; ich bezweifelte sie. Ich war bereit (28), meiner Mutter zu demonstrieren, was für eine Gehirnwäsche sie hinter sich hatte, und wie es mit der Meinungsfreiheit in unserem Lande aussah. Meine Eltern waren tieftraurig (29) den verheerenden Wandel meiner politischen Ansichten. Sie glaubten, daß dies alles charakteristisch (30) feindliche Einflüsse in meiner nächsten Umgebung war. Der Verdacht fiel auf meine Klasse, und meine Mutter veranlaßte den Schuldirektor, Maßnahmen zu ergreifen, um der ideologischen Unterwanderung der 8c entgegenzutreten.

## *Übung*

**B** *Die Deutschen in der früheren DDR haben eine besondere Art von ‚deutschem Humor‘ geschaffen, der sich sehr von dem gesamtdeutschen Humor unterscheidet durch die Zustände, unter denen diese Deutschen von 1949 bis 1990 lebten. Der Anfang und das Ende der Republik waren nicht mehr typisch, aber der Mittelteil war die Zeit des Kalten Krieges.*

*Try to understand a few of the jokes that originated during the existence of the GDR, and then answer the multiple choice questions on them.*

1   Frage: „Was ist das Grundprinzip des Kapitalismus?“
    Antwort: „Die Ausbeutung des Menschen durch den Menschen!“
    Frage: „Und wie ist das im Sozialismus?“
    Antwort: „Umgekehrt!“

 (a)   Sozialismus ist besser für die Gesellschaft.
 (b)   Kapitalismus und Sozialismus sind gleich positiv bzw. negativ.
 (c)   Kapitalismus ist besser für die Menschheit.

2   Frage: „Was passiert, wenn in der Wüste der Sozialismus
    eingeführt wird?“
    Antwort: „Da passiert fünf Jahre gar nichts, dann passiert
    weitere fünf Jahre nichts, aber dann wird der Sand knapp!“

 (a)   In der Wüste gibt es ein sozialistisches Regime.
 (b)   Sand wird importiert.
 (c)   Im Sozialismus herrscht Mangel an allen Dingen.

3   Frage: „Wer hat den Sozialismus erfunden, war das ein
    Wissenschaftler oder ein Politiker?“
    Antwort: „Natürlich ein Politiker! Denn ein Wissenschaftler
    hätte die Sache bestimmt zuerst an Ratten ausprobiert!“

 (a)   Sozialismus ist eine Wissenschaft.
 (b)   Sozialismus wurde von einem Politiker erfunden.
 (c)   Der Wissenschaftler experimentiert mit Sozialismus und
       Ratten.

4   Wie leben die Rentner in Europa?
    Ein Rentner in England trinkt morgens seinen Tee, dann liest er
    die „Times“.
    Ein Rentner in Frankreich trinkt morgens seinen Aperitif, dann
    macht er einen Spaziergang an der Seine.

Ein Rentner in der DDR nimmt morgens seine Herztropfen, dann geht er zur Arbeit!

(a) Ein DDR-Rentner ist ungesund und muß auch im hohen Alter arbeiten.

(b) Die Rentner in der DDR, England und Frankreich haben alle eine geruhsame Zeit, machen Spaziergänge und lesen Zeitung.

(c) Die Rentner dieser drei Länder trinken Tee und Aperitifs und haben ein angenehmes Leben.

5  Frage: „Was ist Glück?"
Antwort: „Natürlich, daß wir in der DDR leben!"
Frage: „Was ist Pech?"
Antwort: „Pech ist, daß wir soviel Glück haben!"

(a) Man lebt ungern in der DDR.
(b) Pech und Glück leben Hand in Hand in der DDR.
(c) Man hat Glück, in der DDR zu leben.

6  Gorbatschow kommt zu einer Sitzung und packt seine Tasche aus: eine Schachtel und zwei mit Flüssigkeiten gefüllte Gläser! Gorbatschow: „Liebe Genossen, ich möchte euch zu Beginn unserer Tagung einen kleinen Test vorführen. Seht her, in dieser Schachtel sind zwei Regenwürmer. In diesem Glas ist Wasser, in dem anderen ist Wodka. Nun lege ich in jedes Glas einen Wurm!" Minuten später:
„Ihr könnt alle sehen – der Wurm im Wodkaglas ist tot, der andere ist putzmunter! Nun Genossen, was lernen wir daraus?"
Ein Genosse aus dem fernen Wladivostok meldet sich: „Ist ganz klar, Genosse Gorbatschow, daraus lernen wir: Schnaps ist gut gegen Würmer!"

(a) Regenwürmer leben gern in Flüssigkeiten, egal ob Wodka oder Wasser.
(b) Der Genosse aus Wladivostok trinkt gerne Wasser.
(c) Gorbatschow ist gegen Alkohol.

(Hrsg. Fritz Damm, *Wir dekorieren!*
*40 Jahre politischer Witz in der DDR*)

# Lektion Neun **Österreich; Gesundheit**

*Here you encounter a prominent feature of Austrian culture, the Viennese coffee-house, then the topic of holidays 'at home' for Germans, and finally the theme bridging them: health and maladies and the German passion for elixirs and remedies.*

*This lesson looks at verbs which take objects in the IO case and at the consequences when they are used in the obverse process (or 'passive').*

Sachertorte

Wiener Schnitzel

# Lesetext 1

## In einem Wiener Kaffeehaus

Drei Damen betraten das Lokal. Alter: 50–55 Jahre. Stand: verheiratet. Beruf: Hausfrauen mit Personal. Eventuelles Hobby: Bridgespiel. Kleidung: die erste, klein, dürr, trug ein blaues Kostüm mit weißer Bluse, die zweite, mittelgroß, mager, trug einen braunen Rock und einen roten Pullover, die dritte, groß, stark, trug einen Kamelhaarmantel.

Anton, der Ober, näherte sich. „Was darf ich den Damen bringen, bitte?"

„Was nehmen Sie, Frau Hofrat?" fragte die große Starke die mittelgroße Magere.

„Ein Glas Milch. Und Sie, Frau Generaldirektor?"

„Ich weiß es noch nicht. Frau Professor?"

„Ich möchte einen koffeinfreien Kaffee mit Süßstoff. Haben Sie Torten?"

„Selbstverständlich, gnädige Frau."

„Wundervoll! Ich darf leider keine essen, ich habe Zucker, aber Sie, Frau Hofrat?"

„Streng verboten. Frau Generaldirektor?"

„Eine Torte? Das wäre mein Tod. Sie wissen doch, daß ich nach einer Operation bin. Bringen Sie mir ..." überlegt die große Starke, „ein Glas Mineralwasser, ohne Kohlensäure, und eine gestrige Semmel."

Nun waren die drei Damen bestimmt weder eine Professorin, noch eine Generaldirektorin, noch eine Hofrätin. Sie waren bloß mit einem Professor, einem Generaldirektor und einem Hofrat verheiratet. Bei uns in Österreich ist das so, da teilen die Ehemänner ihre Titel mit ihren Frauen.

„Wie fühlen Sie sich, Frau Generaldirektor?" fragte die Frau Professor.

„Nicht besonders. Wenn man nach einer Operation zum ersten Male ausgeht, ist man immer ein bißchen wackelig *(shaky)*. Schließlich habe ich vierzehn Tage im Bett verbracht."

„Vierzehn Tage nach einer Blinddarmoperation? Dr Wolkenbruch ließ mich am nächsten Tag aufstehen und im Zimmer herumgehen."

„Da hatten Sie eben keine Komplikation," meinte die Frau

Generaldirektor pikiert *(peeved)*. „Ich hatte doch eine eitrige
Appendizitis. Die Ärzte wußten nicht einmal, ob sie mich lebend
auf den Operationstisch bringen werden."

„Trotzdem. Vierzehn Tage im Bett halte ich für eine veraltete
Methode."

„Veraltet? Dr Jellinek ist der modernste Chirurg von Europa."

„Sie meinen Dr Wolkenbruch!"

„Beruhigen Sie sich doch, meine Damen!" sagte die Frau
Hofrat energisch. „Hatten Sie schon einmal ein Ulcus ventriculi?"

„Was ist das?" fragte die Frau Generaldirektor.

„Ein Magengeschwür."

„Hatte ich!" jubelte die Frau Professor. Der Frau General war
das peinlich. Wieso hatte sie noch kein Magengeschwür gehabt?

Anton brachte den koffeinfreien Kaffee mit Süßstoff, das Glas
Milch, das Mineralwasser ohne Kohlensäure und die Semmel von
gestern. Die Frau Generaldirektor klopfte damit auf den Tisch, es
klang, als ob man mit Stein auf Stein klopfen würde.

„Zu frisch," sagte sie. „Ich habe gebeten von gestern."

Anton brachte die Semmel zur Küche und wieder zurück. Wieder
klopfte sie damit auf den Tisch.

„Die ist richtig," sagte sie zufrieden und wendete sich an die
Frau Hofrat: „Wurden Ihre Magengeschwüre operiert?"

„Das will ich meinen! Ich habe nur noch einen halben Magen.
Was glauben Sie, warum ich nur Milch trinke?"

„Warum wirklich? Ich habe auch nur einen halben Magen,"
gestand die Frau Professor, „aber wenn ich keinen Zucker hätte,
dürfte ich alles essen."

„Mir hat man schon als Kind die Mandeln herausgenommen,"
sagte die Frau Hofrat würdevoll.

„Und mir die Polypen," sagte die Frau Professor.

„Und ich hatte schon als Kind eine Hüftgelenkverrenkung!"
übertrumpfte *(outdo)* die Frau Generaldirektor die beiden andern.
„Und Sie dürfen nicht denken, daß die Blinddarmgeschichte meine
gefährlichste Operation war. Ich wurde schon einmal an
Gallensteinen operiert."

„Ich auch", sagte die Frau Hofrat schnell.

„Aber *meine* Operation hat vier Stunden gedauert."

„Und meine sechs!"

„Sechs Stunden eine Gallensteinoperation?" wunderte sich die
Frau Professor wieder. „Dr Wolkenbruch macht das in zwei

Stunden."
   „Dr Wolkenbruch läßt ja auch die Patienten nach einer
Blinddarmoperation aufstehen und Rock 'n' Roll tanzen."
   „Ich habe nicht gesagt Rock 'n' Roll tanzen, ich habe gesagt, im
Zimmer herumgehen."
   „Ist ja egal. Sagte ich vorhin, meine Operation habe vier
Stunden gedauert?"
   „Ja. Und meine sechs!" meinte die Frau Hofrat mit
Siegermiene.
   „Dann hat *meine* acht gedauert," sagte die Frau Generaldirektor
und schaute die andern triumphierend an. „Ich hatte nämlich
besondere Gallensteine ...!"

(Hugo Wiener, *Was mache ich?*)

## Vokabular

| der | **Hofrat** | counsellor (honorary title in Austria) |
|-----|------------|----------------------------------------|
| der | **Generaldirektor** | company chairman |
|     | **koffeinfrei** | decaffeinated |
| der | **Süßstoff** | sweetener |
| die | **Torte** | gateau |
| der | **Zucker** | diabetes |
|     | **ohne Kohlensäure** | still (not carbonated) |
| die | **Semmel** | roll |
| der | **Blinddarm** | appendix |
|     | **eitrig** | septic, acute |
| der | **Chirurg** | surgeon |
| das | **Ulcus ventriculi** | stomach ulcer |
| das | **Magengeschwür** | |
| die | **Mandeln** *(pl)* | tonsils |
| die | **Polypen** *(pl)* | adenoids |
| die | **Hüftgelenkverrenkung** | dislocation of the hip joint |
| die | **Gallensteine** *(pl)* | gallstones |

## *Übung*

**A** *Translate into English:*

Sie haben dieses Gespräch gelesen bzw. gehört. Hugo Wiener hat auf amüsante Art und Weise auf einige charakteristische Merkmale der österreichischen Seele hingewiesen. Da haben wir einmal die Szene in einem typischen Wiener Kaffeehaus. Man würde die Bestellung von z.B. Sachertorte (eine Wiener Spezialität) und gutem Bohnenkaffee erwarten. Aber nein, diese Damen kommen, um Milch, Mineralwasser und koffeinfreien Kaffee zu trinken, und eine davon verlangt sogar nach einem alten Brötchen!

Wir sehen kein bißchen Wiener Eleganz in ihrer Kleidung. Aber sie geben an! Zuerst – und das ist fast normal in der Altersgruppe – mit den Berufen ihrer Männer. Der Ober und damit auch die anderen Gäste des Kaffeehauses müssen genau hören, daß sie Frau Professor, Frau Generaldirektor und Frau Hofrat sind.

Und dann kommt ein deutsch–österreichisches Lieblingsthema: Krankheiten, Operationen, Spezialisten und Methoden. Wer hat am meisten zu leiden, wer hat den besten und berühmtesten Arzt, wer hat die interessantesten Operationen hinter sich?

Haben Sie als Leser oder Zuhörer gemerkt, daß man medizinische Terminologie hat, die meistens nicht verstanden wird, und ‚normale‘, die der Durchschnittsbürger benutzt? Ein Beispiel dafür ist der Unterschied, den die Frau Generaldirektor zwischen der Blinddarmoperation der Frau Professor und ihrer eigenen ‚eitrigen Appendizitis‘ macht. Im Englischen gibt es nur einen Ausdruck.

Und sehr wahrscheinlich hätten Sie Magen, Geschwür, Zucker, Mandeln, Polypen, Hüftgelenk und Verrenkung nachschlagen müssen (wenn Sie das Vokabular nicht gehabt hätten), oder? Gallensteine können Sie sicher erraten, aber was die besonderen der Frau Generaldirektor sind ...?

## 26  Verbs taking an object in the IO case

German has a large number of verbs whose meaning when transferred to English would lead us to expect them to take a direct object (DO case) but which in fact take an indirect object, requiring the IO case. These verbs fall into two groups.

**a)** A collection of miscellaneous verbs, many having in common a meaning that, in the broadest terms, implies benefit or its opposite to a person or persons. Here are a few of the most frequently used ones:

| | | | |
|---|---|---|---|
| to answer | **antworten** | to resemble | **ähneln** |
| to approach | **sich nähern** | to serve | **dienen** |
| to congratulate | **gratulieren** | to sack | **kündigen** |
| to defy | **trotzen** | to suit (i.e. of | **bekommen** |
| to flatter | **schmeicheln** | food, to agree with) | |
| to follow | **folgen** | to suit (i.e. to | **passen** |
| to harm | **schaden** | look attractive on, | |
| to help | **helfen** | be convenient to) | |
| to hurt | **wehtun** | to thank | **danken** |
| to impress | **imponieren** | to threaten | **drohen** |
| to meet | **begegnen** | to trust | **trauen,** |
| to obey | **gehorchen** | | **vertrauen** |

**Der Vorsitzende des Sportvereins hat *dem Sieger* gratuliert.**
The chairman of the sports club congratulated the winner.

**Ich bin *meinem Klassenkameraden* durch den Wald gefolgt.**
I followed my classmate through the forest.

**Die niedrigen Noten im Examen haben *mir* nicht geschadet.**
The low marks in the exam did not do me any harm.

**Wir sind *einer ehemaligen Nachbarin* auf der Straße begegnet.**
We ran into a former neighbour in the street.

Note the use of the auxiliary **sein** with **folgen** and **begegnen**.

**b)** A large number of verbs beginning with the following prefixes:

| *Inseparable (Type I)* | *Separable (Type II)* |
|---|---|
| **ent-** | **bei-** |
| **wider-** | **entgegen-** |
| | **nach-** |
| | **zu-** |

Here are some examples for each prefix.

| bei- | beistehen | to support (i.e. stand by) |
| | beiliegen | to accompany (i.e. be enclosed with) |
| | beitreten | to join (e.g. a club) |
| | beiwohnen | to witness (i.e. be present at) |

**Meine Tochter ist *dem Tennisklub* beigetreten.**
My daughter has joined the tennis club.

| ent- | entfallen | to escape (i.e. to slip one's mind) |
| | entfliehen | to escape, flee |
| | entgehen | to elude (e.g. pursuit, pursuers), |
| | | to miss (i.e. to fail to notice) |
| | entsprechen | to meet (e.g. a wish, a request) |
| | entwischen | to escape |

**Der richtige Ausdruck dafür ist *mir* entfallen.**
The correct expression for it escapes me.

**Der entflohene Gefangene ist *seinen Verfolgern* entgangen.**
The escaped prisoner eluded his pursuers.

| entgegen- | entgegenfahren | to approach (not on foot) |
| | entgegenkommen | to approach |
| sich | entgegenstellen | to oppose |
| | entgegentreten | to approach (on foot) |
| | entgegenwirken | to counteract |

**Ich bin *meiner Mutter* im Auto entgegengefahren.**
I went to meet my mother (halfway) in the car.

| nach- | nachgehen | to investigate |
| | nachstellen | to pester |
| | nachstreben | to emulate |

**Die Polizei ist *der Fälschung* nachgegangen.**
The police investigated the forgery.

**Die junge Cellistin hat immer *dem Stil* der einmaligen Jacqueline du Pré nachgestrebt.**
The young cellist has always emulated the style of the unique Jacqueline du Pré.

| wider- | widersprechen | to contradict |
| sich | widersetzen | to oppose, resist |
| | widerstehen | to resist |
| | widerstreben | to oppose |

**Ich habe** *meinem Vater* **nie widersprochen und galt also als charakterlos.**

I never contradicted my father and was therefore regarded as lacking in character.

| zu– | zulaufen | to run up to |
|-----|----------|--------------|
|     | zulächeln | to smile at |
|     | zunicken | to nod at |
|     | zutrauen | to credit with, believe capable of |
|     | zuwinken | to wave to/at |

**Mein Vater traute mir alles zu.**

My father believed me capable of (doing) everything.

## 27  The passive (obverse process) and IO case objects

When language reflects the logical course of events, the 'doer' of an action is the subject (SU) of a sentence. The verb indicates the process, the direct object (DO) – if there is one – is the direct target of that process, and the indirect object (IO) – again if there is one – is involved in the process as 'beneficiary' or 'loser'.

(a)  I will pay. *(SU and process only)*
(b)  I will pay the sum. *(SU, process, DO)*
(c)  I will pay him. *(SU, process, IO?/DO?)*
(d)  I will pay him the sum. *(SU, process, IO, DO)*

We can call this the 'logical process'. In both English and German it is possible, by altering the verb, to present the course of events differently, so that the new SU of the sentence is not the real 'doer' of the action but is instead one of the other items in the 'logical process'. In English this works as follows:

(e)  The sum will be paid. *(DO has become SU)*
(f)  He will be paid. *(DO?/IO? has become SU)*

All the components – the original SU, DO, IO of the logical process – can be incorporated if desired:

(g)  The sum will be paid (to) him by me. *(DO has become SU)*
(h)  He will be paid the sum by me. *(IO has become SU)*

The reason for the uncertainty (IO?/DO?) in sentences (c) and (f) is that English does not have separate forms to show the IO.

Because the language here presents the course of events back to front, we can call it the 'obverse process'. (Its traditional name is the 'passive'.) As a basis for comparing the obverse process in English and German, here are the above sentences in German:

(a) **Ich** *(SU)* **werde bezahlen.**
(b) **Ich** *(SU)* **werde den Betrag** *(DO)* **bezahlen.**
(c) **Ich** *(SU)* **werde ihn** *(DO)* **bezahlen.**
(d) **Ich** *(SU)* **werde ihm** *(IO)* **den Betrag** *(DO)* **bezahlen.**
(e) **Der Betrag** *(DO → SU)* **wird bezahlt (werden).**
(f) **Er** *(DO → SU)* **wird bezahlt (werden).**
(g) **Der Betrag** *(DO → SU)* **wird ihm** *(IO)* **von mir bezahlt (werden).**
(h) **Ihm** *(IO)* **wird der Betrag** *(DO → SU)* **von mir bezahlt (werden).**

We can now make the following observations:

1   While both languages keep the original verb in some form (*paid*, **bezahlt**), English alters the verb by inserting *be*, while German does so by inserting **werden**. Note that because German also forms the future with **werden**, it is not usual to repeat that word, so **wird** in (e), (f), (g) and (h) stands for **wird werden**.

2   If the SU component of the logical process is incorporated into the obverse process, English requires *by* and German requires **von** (or sometimes **durch**), as in (g) and (h).

3   In German, only items that are DO in the logical process can become SU in the obverse process, whereas items that are IO in the logical process must remain IO in the obverse process, whether they stand at the beginning or not. Two more examples to illustrate this:

The famous poet was given the title of honorary doctor by the rector of the university.
**Dem berühmten Dichter wurde der Ehrendoktortitel vom Rektor der Universität verliehen.**

The winner was handed the prize by the queen.
**Der Preis wurde dem Sieger von der Königin überreicht.**

## 28   The obverse process and verbs with only IO objects

It follows from the above that with verbs such as those in Section 26, which in the logical process take an object in the IO case, the obverse process requires the IO case to be retained. The following examples illustrate the point:

*Logical:* I have to help this man.
**Ich muß *diesem Mann* helfen.**

*Obverse:* This man has to be helped.
**Diesem Mann muß geholfen werden.**
*or* **Es muß *diesem Mann* geholfen werden.**

*Logical:* **Beim Empfang gratulierten die Gäste *dem Achtzigjährigen* zum Geburtstag.**
At the reception the guests congratulated the eighty-year-old on his birthday.

*Obverse:* **Beim Empfang wurde *dem Achtzigjährigen* zum Geburtstag gratuliert.**
*or* **Es wurde beim Empfang *dem Achtzigjährigen* zum Geburtstag gratuliert.**
At the reception the eighty-year-old was congratulated on his birthday.

*Logical:* **Die Sekretärinnen haben *dem Generaldirektor* nie widersprochen.**
The secretaries have never contradicted the company chairman.

*Obverse:* **Dem Generaldirektor ist nie widersprochen worden.**
*or* **Es ist *dem Generaldirektor* nie widersprochen worden.**
The company chairman has never been contradicted.

The last example should remind you that the auxiliary verb **sein** (not **haben**) must be used with **werden** when the pre-present is formed.

The impersonal construction used in these obverse process sentences can also be used with verbs having neither a DO nor an IO object. They then have a similar anonymous sense. For example:

*Logical:* **Die Zuschauer lachten ganz häßlich über den Unfall.**
The spectators laughed really nastily at the accident.

*Obverse:* **Es *wurde* ganz häßlich über den Unfall *gelacht*.**
There was some really nasty laughing at the accident.

# Lesetext 2

*As you read this text, pay particular attention to the verbs in bold type and the effect they have on the cases of the nouns.*

## Es muß ja nicht die Riviera sein

Im Gegenteil, es **bekommt**[1] dem Urlauber in keinster Weise, einfach in den Süden an irgendeine Riviera zu fahren. Man tut es oft, um dem Nachbarn zu **imponieren,**[2] man **folgt**[3] der Mode, aber die Sonne z.B. **schadet**[4] der Haut. Wenn man den ganzen Tag am Strand liegt und sich sonnt, dann **dient**[5] man keineswegs seiner Gesundheit damit. Auch das Essen ist oft mit Vorsicht zu genießen. Man kann der Hygiene nicht unbedingt **trauen,**[6] und nachdem man einen durchaus appetitlich aussehenden Salat gegessen hat, **tut**[7] einem der Magen oft **weh**.

Die jüngste Mode jedoch bietet sehr ‚gesunde' Bauernhausaufenthalte in Niedersachsen an. Sie **ähneln**[8] einer echten Erholung. Tourismus auf dem Lande **hilft**[9] der Landwirtschaft. Den Bauern **drohte**[10] finanzieller Ruin, sie mußten ihren Hilfskräften **kündigen,**[11] weil sie sich einfach nicht über Wasser halten konnten. Aber durch die neue Sorge um die allgemeine Gesundheit haben sich Urlaubsvorstellungen geändert. Der Urlaub auf dem Bauernhof, oft auch ‚Heu-Hotel' genannt, ist zu einer Alternative geworden. Es werden dem Gast Möglichkeiten **geboten**[12] zu reiten, zu angeln, Tennis zu spielen und auf die Jagd zu gehen. Ganze Familien **begegnen**[13] auch anderen Familien auf kinderfreundlichen Familienhöfen.

Oft wird Wert auf Diät- oder Vollwertkost gelegt. Auch das ist kein Problem, hier sorgen die Gastgeber dafür, daß solchen Gästen das Essen gut **schmeckt**[14], der Aufenthalt wird ihnen im wahrsten Sinne des Wortes schmackhaft gemacht. Kindern im Alter bis zu elf Jahren werden Nachtlager auf Heu und Stroh für nur 11,11 Mark **angeboten**[15]. Auch den Eltern solcher Kinder **kommt**[16] man sehr **entgegen**. Sie bezahlen nur 16,16 Mark pro Nacht auf Heu und Stroh. Diese Preise gelten nur für die Leute, die der entsprechenden Organisation **beigetreten**[17] sind. Und mancher hat behauptet, ihm **passe**[18] diese Art von Ferien besser, und er habe besser geschlafen als in einer Nobel-Herberge an der Riviera ...

---

*Übung*

**B** *The verbs in bold in the text all require objects in the IO case. For each verb, substitute from the list below the verb with the same number, which enables the same meaning to be conveyed. As most of these verbs take objects in the DO case, you will need to make the appropriate alterations. In seven places it is necessary to make more radical changes, as follows. (The numbers correspond to those following the verbs in the text.)*

  1  Urlauber → SU; es → DO
  7  SU = man; DO = Magenschmerzen
  8  SU = man; sie → DO
12  Gast → SU
14  Gäste → SU; Essen → DO
15  Kinder → SU; insert **in** before **Nachtlager**
18  SU = er; Art von Ferien → DO

| | | | |
|---|---|---|---|
| 1 | vertragen | 10 | bedrohen |
| 2 | beeindrucken | 11 | entlassen |
| 3 | beachten | 12 | präsentieren (+ mit) |
| 4 | verletzen | 13 | treffen |
| 5 | fördern | 14 | genießen |
| 6 | sich verlassen (+ auf) | 15 | unterbringen |
| 7 | bekommen | 16 | begünstigen |
| 8 | empfinden (+ wie) | 17 | benutzen |
| 9 | fördern | 18 | mögen |

---

# Lesetext 3

### Gesundheitswerbung

Die Deutschen sind sehr gesundheitsbewußt. Reformhäuser (gesund, ‚grün' essen), Sanatorien (große, oft luxuriöse Gesundheitshotels), Kuren (denken Sie an all die deutschen Städte, die mit **Bad** anfangen!) usw. gab es lange, bevor sie in anderen Ländern in einem viel geringerem Umfang eingeführt wurden. Das ‚neudeutsche' Wort Fitness gehört in den normalen Gesundheitswortschatz. Man ist nicht nur an seiner Gesundheit oder Krankheit interessiert, man weiß jedes Detail darüber. Dasselbe gilt für die Medizinen. Man kennt nicht nur die Namen, man kennt genau ihre chemische Zusammensetzung, ihren Anwendungsbereich, ihre Neben-wirkungen und weiß, bei welchen medizinischen Voraussetzungen sie nicht angewendet werden dürfen (Gegenanzeigen).

122

---

## *Übung*

**C** *Study the following pharmaceutical advertisements. Then answer the questions in German.*

**Abnehmen im Schlaf!**

1 Was soll während des Schlafs passieren?
2 Kann man am Tage so viel essen, wie man möchte?
3 Welche Besonderheit hat GRACIA *Novo* **S**, und wie nimmt man es abends ein?
4 Wie wird der FdH-Effekt am Tage erzielt? (FdH: <u>F</u>riß <u>d</u>ie <u>H</u>älfte!)
5 Wann nimmt man die ‚Medizin' ein?
6 Was passiert, wenn man Schokolade essen möchte?

## Potenzprobleme?

7 Welche Altersgruppen sind betroffen?
8 Was sind die Ursachen für die Impotenz?
9 Was wird – außer sexuellen Störungen – ‚verbessert'?
10 Handelt es sich bei EMASEX-N um Tabletten?
11 In welchem Falle sollte man sie nicht benutzen?
12 Irgendwelche mögliche Nebenwirkungen?

## Caye. Für mehr Gelenkschmiere

13 Womit wird der Mensch hier verglichen, wenn man von ‚Schmiere' und ‚rosten' spricht? (Völlig freie Antwort)
14 Woran merkt man, daß die Gelenke ‚rosten'?
15 Handelt es sich bei **Caye** um Tabletten?
16 In welchen Fällen sollte man dieses Mittel nicht nehmen?
17 Wie sieht das erwünschte Resultat aus?
18 Irgendwelche mögliche Nebenwirkungen?

# Lektion Zehn **Deutsche Feste; Kurzkrimi**

*Here you are introduced to some of the occasions on which Germans set out to enjoy themselves:* Schützenfeste *(local fairs featuring shooting competitions), wine festivals, carnivals and the famous* Oktoberfest *in Munich. Then comes a mini-thriller.*

*In this final lesson we show how verbs become the centre of quite complex structures when they are associated with prepositions to complete their sense.*

*(Sales Guide '95 Köln)*

# Lesetext 1

## Feste, Feiern und Folklore

Zwei Schulfreunde, die sich jahrelang nicht gesehen haben und von denen einer lange im Ausland gelebt hat, treffen sich wieder und reden über alte und neue Zeiten.

*Felix*    Hättest du Lust, dieses Jahr zum Münchener Oktoberfest zu gehen?

*Sonja*    Du, ich bin da noch nie gewesen. Meinst du, daß mir so was Spaß macht? Weißt du, ich habe so lange in England gelebt, und im allgemeinen haben die Briten keinen großen Sinn für Feste. Geburtstage werden vergessen, außer wenn man zufällig 18 oder 21 ist. Und der 5. November wird gefeiert. Aber sonst ... Mir hat das immer alles etwas gefehlt.

*Felix*    Also, das Oktoberfest ist natürlich eine Riesenveranstaltung, es fängt übrigens Ende September an, nicht erst im Oktober. Ungefähr 5 Millionen Besucher kommen extra nach München.

*Sonja*    Meine Güte, das ist ja ein Massenbetrieb, das hört sich ja wie Fasching oder Karneval an.

*Felix*    Karneval in München ist auch toll, sehr ähnlich groß aufgezogen wie Köln und Mainz. Nach dem Karneval gibt es das Starkbierfest, in München gibt es ungefähr 100 Biergärten. Das ist doch nun etwas, das sich in England eingebürgert hat, nicht?

*Sonja*    Ja, stimmt. Viele Pubs haben einen Biergarten.

*Felix*    Also, hättest du Lust, bei so etwas mitzumachen? Wir müssen uns bald entscheiden, denn die etwas billigeren Hotels sind lange vorher ausgebucht.

*Sonja*    Eigentlich hätte ich mehr Lust dazu, zu einer kleineren Veranstaltung zu gehen. Gibt es noch Schützenfeste? Das war früher immer ganz nett. Ich erinnere mich an die Bierzelte, an das Schießen, an Schützenkönig und Schützenkönigin.

*Felix*    Klar gibt es die noch, aber nur zu bestimmten Jahreszeiten. So Ende Mai–Anfang Juni. Stell dir vor, meine Mutter war vor vier Jahren Schützenkönigin. Sie muß einfach Glück beim Zielen gehabt haben, sie war tatsächlich die beste. Aber wir haben jetzt August. Deshalb ist es allerhöchste Zeit fürs Oktoberfest.

**Sonja** Wäre jetzt nicht auch die richtige Zeit für die Weinfeste am Rhein und an der Mosel? Das wäre schon eher mein Fall. Ach, all diese schönen Gründe, ständig zum Festefeiern …!

**Felix** Da habe ich keine so große Lust zu. Mir schmeckt Bier eben besser als Wein. Weißt du was, wir werden das Ganze um ein paar Monate verschieben und gehen zum Karneval nach Köln. Wir gucken uns den Karnevalsumzug am Rosenmontag an. Zwar wird die ganze Innenstadt für den Verkehr gesperrt, aber es kommen nur etwa eine Million Besucher zum Karneval, und das ist über mehrere Tage verteilt. Also, das wäre schon ein Erlebnis.

**Sonja** Du, das mache ich. Für Fasching und Karneval muß man sich doch verkleiden, nicht? Als was soll ich kommen? Ist es übrigens sehr teuer?

**Felix** Na, du hast ja nun ein paar Monate zu sparen, manche verkaufen ihre Möbel und andere Sachen, um voll dabeizusein. Das ist natürlich übertrieben. Wir können das alles mehr von der Zuschauerperspektive aus übersehen, und dann ist das nicht so gegen unsere norddeutsche Natur. Die Bayern und Rheinländer würden das natürlich preußisch nennen.

**Sonja** Also, ich freue mich schon!

## Übung

**A** *Die üblichen paar Fragen, um festzustellen, daß Sie alles verstanden haben.*

1 Von welchen Festen kennen Sie die Namen?
2 Was für Erfahrungen hat Sonja in England gemacht? Gibt es da auch so viele Anlässe zum ständigen Feiern?
3 Beschreiben Sie, was Sie über ein Schützenfest wissen!
4 Wo könnte man zum Weinfest gehen?
5 Was assoziiert Sonja mit Fasching und Karneval?
6 Zu welchem Fest entschließen sich Felix und Sonja zu gehen?

## 29 Prepositional extension of verbs

Everything that was explained about the prepositional extension of adjectives in Sections 23, 24 and 25 applies equally to verbs, so you are advised to revise those sections now.

A German verb extended by a preposition may correspond to an English verb also extended by a preposition:

1  (a)  I was laughing.
        **Ich lachte.**
   (b)  I was laughing *at* your clumsiness.
        **Ich lachte *über* deine Unbeholfenheit.**
   (c)  I was laughing *at* finding lipstick on his nose.
        **Ich lachte *darüber*, Lippenstift auf seiner Nase zu sehen.**
   (d)  I was laughing *at* you/your forgetting my name.
        **Ich lachte *darüber*, daß Sie meinen Namen vergessen haben.**

or it may correspond to an English verb whose meaning is complete without a preposition:

2  (a)  I remember.
        **Ich erinnere mich.**
   (b)  I remember your clumsiness.
        **Ich erinnere mich *an* deine Unbeholfenheit.**
   (c)  I remember seeing lipstick on his nose.
        **Ich erinnere mich *daran*, Lippenstift auf seiner Nase gesehen zu haben.**
   (d)  I remember you/your forgetting my name.
        **Ich erinnere mich *daran*, daß Sie meinen Namen vergessen hatten.**

As with adjectives, the prepositions used with verbs have to be learnt, but again only about a dozen prepositions are involved. These are given below in approximate descending order of frequency (with the case required) with the most common verbs using them. The main differences in usage compared with the prepositional extension of adjectives are as follows:

• As noted above, the 'equivalent' English verb may not require a preposition at all.

- Because verbs are at the centre of more complex structures, a verb may have a DO or IO case object as well as a prepositional extension. For example:

|  | *object* | *prepositional extension* |
|---|---|---|
| **Wir bitten** | **euch** | **um etwas Verständnis.** |
| We ask | you | for a bit of understanding. |
| **Ich gratuliere** | **dir** | **zum Erfolg.** |
| I congratulate | you | on your success. |

**auf**

| *DO:* | | | |
|---|---|---|---|
| | | **achten** | to pay attention to, ensure |
| | | **aufpassen** | to look after, mind |
| | | **beschränken** | to restrict to |
| | **sich** | **freuen** | to look forward to |
| | | **hoffen** | to hope for |
| | **sich** | **konzentrieren** | to concentrate on |
| | | **reagieren** | to react to |
| | **sich** | **spezialisieren** | to specialise in |
| | **sich** | **verlassen** | to rely on |
| | | **warten** | to wait for |
| | | **zurückkommen** | to return to (a topic) |

| *IO:* | | |
|---|---|---|
| | **basieren** | to be based on |
| | **beruhen** | to rest (i.e. be based) on |
| | **bestehen** | to insist on |

**an**

| *DO:* | | |
|---|---|---|
| | **denken** | to think of |
| | **erinnern** | to remind of |
| **sich** | **erinnern** | to remember |
| | **glauben** | to believe in |

| *IO:* | | |
|---|---|---|
| | **arbeiten** | to work on |
| | **erkennen** | to recognise by |
| | **fehlen**\* | to lack |
| | **hindern** | to prevent from |
| | **leiden** | to suffer from |
| | **sterben** | to die of |
| | **teilnehmen** | to take part in |
| | **zweifeln** | to doubt |

\*fehlen is used EITHER with impersonal es as SU, prepositional extension with an and optional IO case object:

> **Es fehlt ihm an Ehrlichkeit.**
> He lacks honesty (i.e. He is lacking in honesty).

OR with the item which is missing as SU, again with optional IO case object:

> **Die Sicherung fehlt.**
> The fuse is missing.
>
> **Mir fehlt eine zuverlässige Landkarte.**
> What I'm missing is a reliable map.

**mit** *(always IO)*

| | | |
|---|---|---|
| sich | **abfinden** | to accept, come to terms with |
| | **aufhören** | to stop (doing something) |
| sich | **befassen** | to deal with |
| sich | **beschäftigen** | to occupy oneself with, deal with, be concerned with |
| | **drohen** | to threaten with |
| | **rechnen** | to count on, expect |
| | **sprechen** | to talk with, speak to |
| | **übereinstimmen** | to agree with |
| sich | **unterhalten** | to converse with |
| sich | **verheiraten** | to marry (someone) |

> **Er mußte sich damit abfinden, daß er nicht mehr der Stärkste war.**
> He had to come to terms with not being the strongest any more.
>
> **Der Betrieb drohte seinem Personal mit einer Verkürzung der Arbeitsstunden.**
> The firm threatened its personnel with a reduction in working hours.

**um** *(always DO)*

| | | |
|---|---|---|
| sich | **bemühen** | to take trouble over, make efforts to |
| | **beneiden** | to envy |
| | **bitten** | to ask for, request |
| | **gehen**★ | to be a matter of, be at stake |
| sich | **handeln**★ | to be about, be a matter of, talk about |
| | **kämpfen** | to fight for |
| sich | **kümmern** | to take care of, look after |
| | **streiten** | to argue about/over |

**Ich beneide dich um dein Selbstbewußtsein.**
I envy you your self-confidence.

**Ich kann mich nicht um jede Kleinigkeit kümmern.**
I can't look after every little detail.

*gehen um and sich handeln um always have impersonal es as SU:

**Es geht um meinen neuen Mietvertrag.**
It's about my new lease.

**Es geht um seine Gesundheit.**
His health is at stake.

**Es handelt sich dabei um ganz neue Richtlinien.**
What we're talking about are completely new guidelines.

**nach** *(always IO)*

|  |  |  |
|---|---|---|
| | **duften** | to smell (pleasantly) of |
| **sich** | **erkundigen** | to enquire about |
| | **fragen** | to ask after/for |
| | **greifen** | to reach (out) for |
| | **riechen** | to smell of |
| | **rufen** | to call after/for |
| | **schmecken** | to taste of |
| | **sehen** | to look after |
| **sich** | **sehnen** | to long for |
| | **stinken** | to stink of |
| | **suchen** | to look for |
| | **verlangen** | to request |

**für** *(DO)*

|  |  |  |
|---|---|---|
| **sich** | **begeistern** | to be enthusiastic about |
| **sich** | **eignen** | to be suitable for |
| **sich** | **entscheiden** | to decide on |
| | **halten** | to regard as, consider |
| **sich** | **interessieren** | to be interested in |
| | **sorgen** | to take care of, look after |

**Hältst du mich für einen Betrüger/unehrlich?**
Do you regard me as a twister/crooked?

**in**

| | | |
|---|---|---|
| *DO:* | sich **einmischen** | to interfere in |
| | sich **verlieben** | to fall in love with |
| | sich **vertiefen** | to become absorbed/engrossed in |
| *IO:* | **bestehen** | to consist in |
| | sich **täuschen** | to be wrong/mistaken about |

**über** *(DO)*

| | | |
|---|---|---|
| | sich **ärgern** | to be annoyed about/at |
| | sich **freuen** | to be pleased about |
| | **nachdenken** | to ponder (over) |
| | **sprechen**★ | to talk about |
| | **verfügen** | to have at one's disposal |

★Also other verbs referring to communication and understanding, e.g. **denken** *(to think)*, **erzählen** *(to tell)*, **lesen** *(to read)*, **reden** *(to talk)*, **wissen** *(to know)*.

**vor** *(IO)*

| | | |
|---|---|---|
| | **bewahren** | to protect from |
| sich | **fürchten** | to be afraid of |
| | **retten** | to save from |
| | **warnen** | to warn about |

**aus** *(always IO)*

| | | |
|---|---|---|
| | **bestehen** | to consist of |
| | **entnehmen** | to gather/infer from |
| sich | **ergeben** | to result from |
| | **schließen** | to conclude/understand from |

**von** *(always IO)*

| | | |
|---|---|---|
| | **abhängen** | to depend on |
| | **abraten** | to advise against |
| | **ausgehen** | to assume from, start from the assumption |
| | **sprechen** | to mention |

**Wir gehen davon aus, daß eine Reduzierung des Haushaltsdefizits nicht möglich ist.**
We shall assume that a reduction of the budget deficit is not possible.

## *Übungen*

**B** *Put your acquired knowledge about these uniquely German structures into practice. Fill the numbered gaps with the appropriate preposition,* **da(r)-** *or* **wo(r)-** + *preposition (e.g.* **darüber***) or preposition +* **d..** *(e.g.* **zum***). The majority of examples are based on the list of verbs plus extensions that you have just studied.*

### Kurzkrimi: Ein Besuch aus dem Jenseits

Franz Kluge lachte (1), daß sein Plan so gut gelungen war. Er dachte (2), wie das Ganze angefangen hatte. Er hatte sich (3) Anna, seiner Frau, vor 15 Jahren verheiratet – sie war hübsch, und sie hatte Geld! Aber plötzlich vor einem Jahr etwa lernte sie Egon Appel kennen. Kluge litt nicht etwa (4) Eifersucht deswegen, aber er mußte (5) aufpassen, daß sie sich nicht etwa zu sehr (6) den neuen Mann in ihrem Leben konzentrieren würde, denn das hätte unter Umständen seinen eigenen finanziellen Ruin bedeutet. Im Falle einer Scheidung müßte er sich nämlich (7) der Hälfte seines Vermögens begnügen. Er mußte sich also (8) abfinden, die Affaire zu dulden. Als Anna jedoch (9) drohte, sich (10) ihm scheiden zu lassen, konnte er nicht einfach nur so (11) seinen finanziellen Untergang warten. Sich (12) ihr zu unterhalten, hatte keinen Zweck mehr, er mußte sie ganz einfach (13) hindern, diese ‚Drohung' durchzuführen. Sie mußte aus dem Wege geschafft werden, aber er mußte (14) achten, daß er nicht verdächtigt wurde.

Drei Wochen später kam ein Polizist, (15) Kluge nicht gerechnet hatte. Es handelte sich (16) eine Vermißtenanzeige, die Appel aufgegeben hatte; er, Appel, zweifelte (17), daß Anna tatsächlich auf einer Reise war. Der Polizist erkundigte sich (18) dem Reiseziel der Ehefrau, aber Franz Kluge erklärte, daß sie eine Ehekrise hätten und sie mit unbekanntem Ziel abgefahren sei. Er wartete nun (19) sie, und dann wollten sie (20) ihrer Ehe arbeiten. Es fehlte also (21) Beweisen, daß irgend etwas Kriminelles stattgefunden hatte, und der Polizist mußte unverrichteter Dinge gehen.

Eine gewisse Helga Böhning hatte sich (22) einer Pension am Stadtrand eingemietet. Sie eignete sich sehr (23) die Rolle, die sie jetzt spielen würde. (24) Briefen von ihrer Schwester hatte sie entnommen, daß sich diese in Gefahr befand. Eine Woche nach dem Besuch des Polizisten bei Kluge entschied sich Helga (25), ihren Plan in die Tat umzusetzen.

Sie klingelte, und Kluge öffnete die Tür. (26) diesem Anblick hatte er nicht gerechnet. „Anna!" stieß er hervor. Er konnte sich (27) nichts konzentrieren. Was war geschehen? „Ich gratuliere dir (28) perfekten Mord an meiner Zwillingsschwester!" sagte Helga und bestand (29), ihre Koffer im Hause abzustellen. Plötzlich fehlte es ihm (30) jeder Entschlußkraft, und er mußte sich einfach alles gefallen lassen, ehe er überhaupt klar denken konnte. Er sehnte sich (31) einem starken Whisky und suchte verzweifelt (32) einer Möglichkeit, diese Frau wieder loszuwerden. Aber sie hatte schon (33) gesorgt, daß die Polizei (34) wußte, daß Frau Anna wieder aufgetaucht war. Kluge ärgerte sich schrecklich (35) diese Falle *(trap)*, aber er mußte (36) ausgehen, daß er vorläufig nichts anderes machen konnte, als gute Miene zum bösen Spiel zu machen. Er mußte sich (37) bewahren, einen weiteren Fehler zu machen, vor allem, da Helga (38) gesorgt hatte, daß belastendes Material bei einem Rechtsanwalt hinterlassen war.

Wie würde sich Appel (39) dieser neuen Situation abfinden? Er traute seinen Augen nicht, als Helga eines Tages vor ihm stand. Sie nutzte seine Überraschung, sprach (40), daß sie nun seine Geliebte wäre und küßte ihn leidenschaftlich. Er war so erschrocken darüber, daß er zuerst mitmachte. Dann allerdings verlangte er (41) einer Erklärung. Sie sprach (42) ihrem Plan, und er hat ihr auch nicht (43) abgeraten, andererseits wollte er sich jedoch auch nicht (44) einmischen.

Kluge platzte fast (45) Wut, als Helga immer mehr Zeit bei Appel verbrachte, aber sie warnte ihn (46), irgend etwas ‚Unvorsichtiges' zu tun. Sie sprach (47), was sie alles beim Rechtsanwalt gelassen hatte: „Dir sollte sehr viel daran gelegen sein, daß ich möglichst lange lebe!" Ein Wunsch, der sich nicht erfüllen sollte.

„Ihre Frau ist tödlich verunglückt! Und wir müssen (48) ausgehen, daß Sie ihr Mörder sind!" Kluge war unfähig, (49) diese unerwartete Situation nachzudenken. Er stotterte: „Wieso, was ist passiert?" „Die Bremsleitung in ihrem Wagen war durchgeschnitten, und wir verfügen (50) belastendes Material, das Ihre Frau uns hinterlassen hatte!" Kluge war wie betäubt, nur unklar hörte er die Worte des Kommissars: „Ihre Frau fürchtete sich (51) Ihnen, das hatte sie vor Wochen auch schon Herrn Appel gesagt, der uns (52) warnte, aber damals hielten wir das (53) übertrieben."

Der einzige Mensch, der Kluge nun retten konnte, war Appel. Er konnte bestätigen, daß es sich bei der Toten nicht (54) Anna handelte. Appel hätte nicht nur das bestätigen können. Er wußte auch, daß Helga unheilbar (55) Leukämie litt. Sie war nun zurückgekommen und hoffte (56), in ihrer Heimat zu sterben. Aber dann hatte sie die Chance erkannt, den Mord an ihrer Schwester zu rächen. Aus diesem Grund hatte sie die Bremsleitung selbst durchgeschnitten und war in den Tod gerast. All das hätte Appel dem Kommissar erzählen können. – Aber diesmal schwieg er ...

(Basiert auf: *Besuch aus dem Jenseits*, Neue Revue)

**C** *See if you can complete this crossword puzzle.*

**bold:** vocabulary from this course
normal: vocabulary that you should have come across
*italics:* new items to be looked up, including abbreviations, contractions and a few uncommon words

| 1 | 2 | 3 | | 4 | | | | | 5 | 6 | 7 | 8 |
|---|---|---|---|---|---|---|---|---|---|---|---|---|
| 9 | | | | 10 | 11 | 12 | 13 | 14 | 15 | 16 | | |
| | 17 | 18 | 19 | | 20 | | | 21 | 22 | | 23 | |
| | | 24 | | | | 25 | | | | | | |
| | 26 | | | 27 | | 28 | 29 | | | | | |
| 30 | 31 | | 32 | 33 | | 34 | | | | | | |
| 35 | | 36 | | | 37 | 38 | | 39 | | | | |
| 40 | 41 | | 42 | | | 43 | | | 44 | 45 | | |
| 46 | | 47 | 48 | | | 49 | | | | | | |
| 50 | | | | 51 | | | 52 | | | | | |

ACROSS:

1 **careers adviser**
5 to wash (stem only)
9 earth/soil
10 **robe**
13 *lot*
16 ready
17 **trainee** (abbreviation)
20 aluminium
24 **cuckoo**

DOWN:

1 **firm**
2 he
3 *about/around* (abbreviation)
4 **stag**
5 **wine**
6 **bread roll**
7 *approximately*
8 **female relative**
10 **judge**

| | | | |
|---|---|---|---|
| 25 | a/one | 11 | *building* |
| 26 | **law/right** | 12 | *elk* |
| 27 | marriage | 13 | *hatch* |
| 28 | or | 14 | *granny* |
| 30 | *budget* | 15 | she |
| 32 | *gown* | 17 | **doctor** |
| 34 | **to become dilapidated** | 18 | to the (contraction, fem.) |
| 35 | near/with/at | 19 | book |
| 36 | **theft** | 21 | *kidney* |
| 39 | parents | 22 | round the (contraction, neuter) |
| 40 | *East German* (coll. abbrev.) | 23 | **instalments** |
| 42 | **verdict/sentence** | 27 | *girl's name* (a bit old-fashioned) |
| 43 | **(name of tabloid newspaper)** | 29 | **offence/crime** |
| 44 | time | 31 | *A sharp* (note) |
| 46 | **policeman** | 33 | *abbot* |
| 49 | **career** | 34 | *per hundred* (abbreviation) |
| 50 | **surgeon** | 37 | animal |
| 51 | *guessed* | 38 | all |
| 52 | goal/aim | 41 | so |
| | | 45 | *egg* |
| | | 46 | personal computer (abbreviation) |
| | | 47 | *in retirement* (abbreviation) |
| | | 48 | to/at |

„Der einzige Vogel, der auch seinen Namen kennt!"

(Neue Post)

## Ein kleiner freundlicher Abschied

Sein größtes Hobby sind Kreuzworträtsel.
„Du," fragt seine Frau, „was ist denn wohl
ein Katalog?" Er weiß es: „Die
Vergangenheit von ‚Ein Kater lügt'."

(Frau im Spiegel)

# Key to Exercises

## Selbstbeurteilung

### Übung A

1 liegt; 2 trinkt; 3 gibt; 4 öffnen; 5 stellt; 6 legen; 7 ist, verkaufst; 8 ist;
9 entschuldigt; 10 bieten; 11 bezahle; 12 sind; 13 Erinnere, hast; 14 gehe,
Brauchst; 15 fahren, haben; 16 sieht, Hast; 17 finden *or* findet; 18 liebt,
ist; 19 seid; 20 interessiert, entschuldigen

### Übung B

1 wie; 2 welche; 3 wieviele; 4 wieviele; 5 wo; 6 wem; 7 wer; 8 warum;
9 warum; 10 was; 11 wen; 12 welche; 13 wer; 14 was; 15 welches; 16 wo;
17 wem; 18 wann; 19 wie; 20 wen

### Übung C

1 vor; 2 für; 3 seit; 4 durch; 5 Neben; 6 in; 7 aus; 8 von; 9 ohne; 10 ins;
11 auf; 12 über; 13 hinter; 14 mit; 15 mit; 16 zur; 17 gegen; 18 in;
19 nach; 20 bei

### Übung D

| | DO | IO |
|---|---|---|
| 1 | die große Angst | der großen Angst |
| 2 | das magere Fleisch | dem mageren Fleisch |
| 3 | der unsympathische Arzt | dem unsympathischen Arzt |
| 4 | die langweilige Dame | der langweiligen Dame |
| 5 | das romantische Doppelzimmer | dem romantischen Doppelzimmer |
| 6 | der gefährliche Einbrecher | dem gefährlichen Einbrecher |
| 7 | die persönliche Frage | der persönlichen Frage |
| 8 | die offene Haustür | der offenen Haustür |
| 9 | der intelligente Freund | dem intelligenten Freund(e) |
| 10 | das kaputte Fahrrad | dem kaputten Fahrrad |
| 11 | der rostige Hausschlüssel | dem rostigen Hausschlüssel |
| 12 | das billige Hotel | dem billigen Hotel |
| 13 | das starke Herz | dem starken Herzen |
| 14 | der frühe Herbst | dem frühen Herbst |
| 15 | die kalte Milch | der kalten Milch |
| 16 | das herrliche Konzert | dem herrlichen Konzert |
| 17 | der unangenehme Mensch | dem unangenehmen Menschen |
| 18 | die schmutzige Nordsee | der schmutzigen Nordsee |

| 19 | die große Verantwortung | der großen Verantwortung |
| 20 | das schlechte Wetter | dem schlechten Wetter |

## Übung F

1 hat ... gestohlen; 2 ist ... gelaufen; 3 hat ... gehabt; 4 ist ... gewesen;
5 hat ... gehabt; 6 hat ... geflirtet; 7 ist ... geblieben; 8 ist ... geflohen;
9 hat ... gekauft; 10 ist ... gegangen; 11 ist ... gefahren; 12 hat ...
getroffen; 13 hat ... gegeben; 14 ist ... zurückgekommen; 15 ist ...
gegangen; 16 haben ... gefehlt; 17 hat ... zurückgezahlt; 18 ist ... passiert;
19 hat ... gestanden; 20 ist ... vorgekommen

## Übung G

1 Er geht ins Kino, **obwohl** (während) er Fieber hat.
2 Die Familie mußte nach Hause fahren, **obwohl** (als) der Urlaub noch nicht zu Ende war. (*Or:* ..., bevor der Urlaub zu Ende war.)
3 Ein Einbrecher stand im Wohnzimmer, **als** Karl nach Hause kam.
4 Du kochst die Suppe, **während** (weil/damit) ich die Küche aufräume.
5 Willi schreibt seinen Essay ganz schnell, **damit** (bevor) er (dann) abends in die Disko gehen kann.
6 Deutschland ist kein ‚Wirtschaftswunderland' mehr, **seitdem** (weil/obwohl) es seit 1990 vereinigt ist.
7 Mein Vater spielt viel lieber Klavier, **wenn** (während) wir zuhören.
8 Die meisten Zimmer im Hause haben Doppelfenster, **weil** (seitdem) die Straße so laut ist.
9 Ulrich war am nächsten Tag sehr krank, **nachdem** (weil) er am Abend davor zu viel getrunken hatte.
10 Wie kannst du wieder nach Sylt fahren, **wo** (seitdem/nachdem) es doch so teuer da ist?
11 Kannst du mir vielleicht sagen, **warum** (wann/ob) wir uns hier treffen?
12 Das Haus ist so teuer, **daß** wir es nicht kaufen können.
13 Sie weiß nicht, **ob** er heute nachmittag überhaupt kommt.
14 Es gibt so viele gute Bücher, **daß** ich einfach nicht weiß, **welches** (was) ich lesen soll.
15 Herr Meier ist so klug und langweilig, **daß** keiner Lust hat, ihn zu besuchen.
16 Es ist der Wirtin egal, **wann** (ob) der Student morgens aufsteht.
17 Du mußt zuhören, **was** der Professor sagt, und nicht einfach einschlafen!
18 Wir haben Sommerferien, Weihnachtsferien und Osterferien. Wir wissen noch nicht, **welche** wir in Deutschland verbringen.
19 Der Mann ist so unsympathisch; ich weiß nicht, **warum** du ihm hilfst.
20 Sie haben sich noch nicht entschieden, **ob** sie ein neues oder ein gebrauchtes Auto kaufen.

## Übung H

soll

# Lektion Eins

## Übung A

| | | |
|---|---|---|
| der | Orkan | hurricane |
| das | Sturmtief | hurricane |
| | wetterbedingt | caused by the weather |
| der | Schneefall | snowfall |
| die | Straßenglätte | icy roads |
| die | Bö | gust |
| der | Meteorologe | meteorologist |
| | wechselhaft | changeable |
| das | Wetter | weather |

## Übung B

| | | | |
|---|---|---|---|
| 1 | die Stunde | hour | die Stunden |
| | die Nacht* | night | die Nächte |
| | das Tief* | depression | die Tiefe |
| | das Leben | life | die Leben |
| | die Höhe | extent | die Höhen |
| | die Arbeit | work | die Arbeiten |
| | der Norden | north | – |
| | der Morgen | morning | die Morgen |
| | der Schneefall* | snowfall | die Schneefälle |
| | die Glätte | slipperiness | – |
| | die Küste | coast | die Küsten |
| | der Verkehr | traffic | – |
| | das Wochenende | weekend | die Wochenenden |
| | das Wetter* | weather | die Wetter |
| 2 | die Geschwindigkeit | speed | |
| | der Kilometer* | kilometre | |
| | die Person | person | |
| | der Unfall* | accident | |
| | der Schaden | damage | |
| | der Pendler* | commuter | |
| | die Straße | road | |
| | die Bahnstrecke | railway line | |
| | der Baum* | tree | |
| | das Gebirge* | mountains | |
| | die Orkanbö | hurricane wind | |

| das Todesopfer* | fatality |
| der Meteorologe | meteorologist |

3  All the asterisked nouns have the additional **-n** in the IO case plural.

## Übung C

1  Kilometer, Tote (Personen, die ums Leben kamen), Schäden, Pendler
2  Straßen und Bahnstrecken
3  Nein, der Fährverkehr mußte eingestellt werden.

## Übung D

1  Nein. Heute: stärkere Bewölkung, zeitweise Schauer; morgen:
   wechselnd bewölkt mit einzelnen Schauern
2  6 bis 11 Grad
3  Aus westlichen Richtungen

## Übung E

1  Die Praxis des Arztes ist sehr modern.
2  Die Frau meines Bruders ist schwierig.
3  Die Trinksucht unseres Vaters macht uns alle kaputt.
4  Die Höhe seines Gehalt(e)s ist unglaublich.
5  Die Führung eines Staat(e)s kann nicht einfach sein.
6  Das Geräusch des Motors gefällt mir überhaupt nicht.
7  Mit Hilfe eines Messers bedrohte er seine Opfer.
8  Nessy ist das Seegespenst des Sees Loch Ness.
9  Die Mutter plädierte für die Unschuld ihres Sohnes.

## Übung F

Meine Damen und Herren!

Als Demokrat_ sage ich Ihnen, man soll den Demokraten *(plural)* nicht
glauben. Haben Sie schon einmal einen Demokraten erlebt, der die
Wahrheit spricht? Gucken Sie sich die Demokraten *(pl)* in Amerika an. Da
sind mir die Kommunisten *(pl)* fast schon lieber, obwohl man sich vor
den Stalinisten *(pl)* in acht nehmen muß. Einen Trotzkyisten gibt es wohl
nicht mehr. Aber auch die Juden haben ein problemreiches Leben.
Entweder man behandelt sie wie die Türken oder Kurden, weil sie aus
dem Nahen Osten stammen, oder wie die Deutschen, Russen und Polen,
weil sie vielleicht früher einmal mit den Deutschen, Russen oder Polen in
der gleichen Stadt gelebt haben. Man muß allerdings auch sagen, daß die
Europäer, vor allem auch die Franzosen, nicht viel übrig haben für die
Briten und Schotten und Iren, weil sie denken, daß sie sowieso alle
Engländer sind, mit anderen Worten: insular und unenthusiastisch, was die
Europäische Union angeht.

Ich sah eben den Finger von dem jungen Herrn in der ersten Reihe. Aha, Sie sprechen im Namen der Bauern, die Ihre Nachbarn sind. Sie sprechen mir aus dem Herzen. Ich bin in Gedanken *(pl)* ganz Ihrer Meinung. Sie haben recht. In vieler Hinsicht werden ganze Berufszweige nicht als Menschen betrachtet, sondern als Nummern. Sie alle sind Zeugen meines Glaubens an die Demokratie, wie ich im ersten Satz schon sagte, aber leider sehe ich oft die Buchstaben des Gesetzbuches und deren Interpretation und weiß, daß wir als Bürger zwar den Willen haben, nur das beste für die Menschen dieses Staates zu wollen, aber wir haben ja keine eigentliche Macht.

Ich bedanke mich bei den Photographen, daß sie ihre Arbeit so unauffällig gemacht haben und bei Ihnen, meine Damen und Herren, für Ihre Aufmerksamkeit.

# Lektion Zwei

## Übung A

Mr Schmidt lives in good/comfortable circumstances; he deals in food, furniture and property/real estate. He is a successful businessman who receives high expenses, has no costs and can pay for his honeymoon with/out of the interest on his earnings. To manage that, one has to have the necessary knowledge. Unfortunately, he has got grey hair/his hair has turned grey from all this work. But still, his latest lady-friend is now his wife, with whom he had the honeymoon.

## Übung B

1  Der Onkel meiner Schwiegertochter ist leider ein Verbrecher. Wie ist es mit deinem?
2  Meine Gesundheit ist mir das wichtigste. Wie ist es mit deiner?
3  Wo ist deine Kneifzange? Ich kann nur seine finden.
4  Man kann nicht durch seine Brille gucken, sie ist total schmutzig. Wie ist es mit deiner?
5  Hoffentlich kommt bald der Brief meines Tutors. Bekommst du auch einen von deinem?
6  Leider hat er nichts mehr mit seinem Vater zu tun. Wie stehst du zu deinem?
7  Sie kauft deinen Kindern viel zu viele Geschenke. Was machst du mit ihren?
8  Kaufst du sein_ Haus? Was wird dann aus deinem?
9  Mein_ Fernglas ist kaputt, kannst du mir deins leihen?
10 Sein_ Schlüssel funktioniert nicht, gib mir mal deinen!

## Übung C

| | *Gastronomievokabular* | *Gastronomical vocabulary* |
|---|---|---|
| der | Stammtisch | regulars' table |
| der | Wirt | innkeeper, publican |
| die | Gaststube | lounge (in pub) |
| das | Wirtshaus | inn |
| der | Gastwirt | innkeeper, publican |
| der | Qualm | smoke |
| die | Wirtsstube | lounge (in pub) |
| das | Hotel | hotel |
| die | Gaststätte | restaurant, pub, bar |
| das | Gastgewerbe | hotel trade |
| die | Kantine | canteen |
| das | Gasthaus | inn |
| der | Stammgast | regular |

| | *Gesetz und Politik* | *Law and politics* |
|---|---|---|
| das | Rauchverbot | smoking ban |
| der | Gesetzentwurf | draft law |
| | gesetzlich | legal(ly) |
| der | Kommunalpolitiker | local politician |
| der | Landespolitiker | provincial politician |
| der | Bundespolitiker | national politician |
| die | Wahl | election |
| der | Wähler | voter |
| der | Töter | killer (i.e. destroyer) |
| der | Hüter | guardian |
| die | Zustimmung | agreement, support |
| die | Gesundheit | health |
| die | Erziehung | education |
| der | Schutz | protection |

## Übung D

1 Das Rauchen
2 Alle Kommunal-, Landes- und Bundespolitiker sollen gefragt werden, ob sie ‚Stammtischtöter' oder ‚Hüter von Toleranz und Gemütlichkeit' sein wollen.
3 Nein, die Politiker würden sich selbst ihr Grab schaufeln.
4 Für Gastlichkeit
5 Sie sind auch Wähler.

## Übung E

| | | | | | | | | | | |
|---|---|---|---|---|---|---|---|---|---|---|
| ¹G | ²E | ³S | E | T | Z | ⁴V | O | R | | |
| | ⁵S | C | H | E | R | E | | | | |
| | E | ⁶H | Ü | T | E | R | | | | |
| ⁷B | R | I | L | L | E | ⁸G | E | B | Ä | U | ⁹D | ¹⁰E |
| | | ¹¹W | A | ¹²A | ¹³G | ¹⁴E | O | ¹⁵M | ■ | I | U |
| | | O | F | A | E | U | ¹⁶T | Ö | T | E | R |
| | ¹⁷Q | U | A | L | ¹⁸M | E | ■ | ¹⁹B | Ö | S | E |
| | ²⁰W | ²¹A | N | ²²D | ²³U | R | ²⁴B | E | S | E | N |
| | ²⁵I | N | ²⁶Z | A | N | G | E | ²⁷L | A | U | T |
| ²⁸G | E | S | U | N | D | H | E | I | T | | |
| | | ²⁹G | R | A | B | ³⁰T | U | N | | |

# Lektion Drei

## Übung A

| | *Gesetz und Gerichtsbarkeit* | *Law and jurisdiction* |
|---|---|---|
| das | Gericht | court |
| | bestreiten | to deny |
| der | Strafprozeß | litigation, legal proceedings |
| | (wegen) Beleidigung | (for) slander |
| der | Saal | hall, room |
| das | Amtsgericht | (approximately) magistrates' court, local court |
| | gerichtlich überprüfen | to submit (a matter) to litigation |
| die | Richterin | (female) judge |
| die | Robe | robe |
| die | Gerechtigkeit | justice |
| der | Angeklagte | (male) accused (person) |
| die | Protokollführerin | (female) clerk of the court |
| der | Gerichtssaal | courtroom |
| das | Geständnis | confession, admission |
| die | Geldstrafe | fine |
| | verurteilen | to sentence |
| der | Urteilsspruch | judgement, sentence, verdict |

## Übung B

1 Sie ging mit ihrem Hund spazieren.
2 Einen Pekinesen
3 Beleidigung
4 „Sie sehen ja aus wie Ihr Hund."

5 Ganze Armeen von Kosmetikerinnen hätten keine Chance gegen
  dessen Falten gehabt.
6 Ja. Er sagt: „Frau Richterin, was kost's? Ich glaub', ich hab's gesagt!"
7 Eine milde Geldstrafe

## Übung C

Refer to the complete text on pages 48–9.

# Lektion Vier

## Übung A

1 Die Dorfjungen zitterten vor Klunter.
2 Er war ein großer schwarzer Rottweiler.
3 Einen Hirsch erschießen
4 Während des 1. Weltkrieges (1914–18)
5 Schafwäsche

## Übung B

Suggestions: die Obstkoppel, das Herrenzimmer, der Knicks, der Frack, die Schneise, der Knecht, die Scheunentenne, der Jagdwagen

## Übung C

1 Er begleitete uns Kinder **zur** Schule.
2 Wenn wir **in** die Stadt fuhren, ...
3 lief er **neben** dem Wagen her.
4 Klunter war mein bester Freund **unter** den Tieren.
5 Ich versteckte mich **unter** dem Tisch **im** Herrenzimmer.
6 Ich wurde **aus** dem Zimmer geschickt.
7 Kurz vorher war er **aus** dem Schlitten **in** den tiefen Schnee gesprungen.
8 Unsere Berliner Verwandten wollten die Sommerferien **außerhalb** der Großstadt verbringen.
9 So kamen sie meistens **zu** uns **aufs** Land.
10 Oft unternahmen wir Picknickfahrten **an** den See.
11 Man fuhr mitten **durch** den schönsten Wald, zuletzt **auf** einer selten befahrenen, breiten Schneise.
12 Hohes Gras und Schilf waren **an** seinen Ufern.
13 Alle stürzten sich fröhlich **in** das sonst so stille Wasser.
14 Die Knechte packten sie **auf** lange, niedrige Tische, **an** denen Frauen aus dem Dorf hockten.
15 Die Frauen gingen **nach** Hause.
16 Vater nahm mich **im** Jagdwagen mit **an** den See.

17 Dann schwamm er mit mir erst **am** Ufer **entlang**.
18 Aber dann schwammen wir **in** den See hinaus.
19 Nach dem Baden fuhren wir **um** den See herum.
20 Wir gingen **beim** Förster **vorbei**.

## Übung D

1 Sie plumpsten schreiend aus **den** Bäumen.
2 Er lief mit an **den** See, wenn wir baden wollten.
3 Wenn wir in **die** Stadt fuhren, ...
4 lief er neben **dem** Wagen her.
5 Klunter war mein bester Freund unter **den** Tieren.
6 Ich versteckte mich unter **dem** Tisch im Herrenzimmer.
7 Ich wurde aus **dem** Zimmer geschickt.
8 Der Onkel hatte stets ein seidenes Tüchlein in **der** Brusttasche.
9 Kurz vorher war er aus **dem** Schlitten in **den** tiefen Schnee gesprungen, ...
10 um einen Hirsch zu erschießen, der gerade über **die** Schneise wechselte.
11 Unsere Berliner Verwandten wollten die Sommerferien außerhalb **der** Großstadt verbringen.
12 Oft unternahmen wir Picknickfahrten an **den** See.
13 Man fuhr mitten durch **den** schönsten Wald, zuletzt auf **einer** selten befahrenen, breiten Schneise.
14 Hohes Gras und Schilf waren an **seinen** Ufern.
15 Alle stürzten sich fröhlich in **das** sonst so stille Wasser.
16 ... niedrige Tische, an **denen** Frauen aus dem Dorf hockten.
17 Bald lief ein Schaf nach **dem** anderen um Pfunde erleichtert **dem** Stall zu.
18 Er band das Pferd an **einem** Baum fest.
19 Dann schwammen wir in **den** See hinaus.
20 Nach dem Baden fuhren wir um **den** See herum.

# Lektion Fünf

## Übung A

1 Am Dienstagabend/Um 22 Uhr 15/Nach der Vorstellung
2 Am frühen Abend
3 Zwischen 18 Uhr und 21 Uhr 45
4 Um 21 Uhr 15
5 Ja, er wollte auf die Minute pünktlich erscheinen.
6 Gegen halb acht
7 Nein, noch zweimal
8 Er schlief nach dem richtigen Anruf ein.

9 Zu seinem Geburtstag; schon seit sehr langer Zeit nicht mehr
10 Er hat ihn am nächsten Morgen sofort angerufen.
11 Ja, ab Ende der Vorstellung um 22 Uhr 15
12 Ihn um 21 Uhr 45 MEZ zu wecken
13 Überhaupt nicht

## Übung B

1 18 und 21 Jahre
2 Vier, gegen 23 Uhr 55
3 Der erste
4 Ja, aber der dritte sprach nicht so gut Deutsch wie die anderen.
5 Geld (1 456,57 DM) aus der Kasse
6 Nein. (Die Geschichte geht weiter.)

## Übung C

1 Seine Kleidung war sauberer als die seines Kollegen/von seinem
   Kollegen.
2 Der dritte (Mann) war viel drohender als der erste.
3 Sie hat den ersten für weniger gefährlich als den zweiten und dritten
   gehalten.
4 Er hat viel schlechter Deutsch gesprochen als die beiden anderen.
5 Der erste (Mann) hatte eine Figur wie Sie.
6 Sie konnten weniger sehen als alle anderen!
7 Sie war dann/damals ängstlicher, als sie (es) jetzt ist.
8 Seine Maske war dünner und durchsichtiger.
9 Wir haben eine viel einfachere Erklärung, als wir dachten.

# Lektion Sechs

## Übung A

1 Beide bekommen Hilfe von BILD.
2 Es gibt genug Lehrstellen, man muß sie nur mit BILD suchen.
3 Mit 18 ging er nach Brasilia, mit 24 eröffnete er eine Privatbank in
   New York.
4 Einen dunkelblauen Mercedes 450, eine weiße Prachtvilla, exotische
   Vögel, einen parkähnlichen Garten
5 Den Traumberuf und eine Lehrstelle
6 Als eine großartige Aktion
7 Die Lebensmittelkette ‚Safeway' bot 50 Lehrstellen an, aber sie hat
   keine Ausbildungsbefugnis.

## Übung B

1 Die Firma/Der Betrieb bekam die besten Lehrlinge durch BILD/hat … durch BILD bekommen.

2 Der Deutsche Gewerkschaftsbund hat ein Vorurteil gegen BILD.

3 Einige Leser sind total/vollkommen gegen die BILD-Aktion.

4 Trotz des wunderbaren Traumberufs verdient die 16jährige nicht viel Geld.

5 Die Kalkulationen waren um 200 DM falsch.

6 Er verließ Deutschland mit 18 und ohne Geld.

7 BILD tut scheinbar/angeblich viel für die kleinen Leute.

8 Finstere Betriebe/Firmen werden durch die kostenlose BILD-Werbung/Werbung durch BILD bekannt.

9 Die wunderbare Aktion durch BILD bedeutete zum Schluß eine Lehrstelle oder einen Traumberuf für einige Leute.

10 Die BILD-Aktion ist ein Geschäft mit der Angst der Leute statt wirklicher/echter Hilfe.

11 BILD ist gegen arbeitslose Jugendliche.

12 Der Kollege weiß wegen des Lippenstiftes auf dem Gesicht, wie die neue Auszubildende sich bei ihrem Chef bedankt hat/ihrem Chef gedankt hat.

## Übung C

1 Die Schellen sind herausgerissen, das Haus ist nicht mehr verschließbar, die Hoftür fehlt, das Wasser läuft die Wände herunter.

2 Selbst die sind nicht vom Verwalter repariert. Da ist ein Mieter, der ist Glaser, und der ersetzt die Scheiben auf seine eigenen Kosten.

3 Der Eigentümer/Verwalter will das Haus zu Luxuswohnungen umbauen lassen.

4 Sie haben das Geld nicht. (Die Mieten werden dann je nach Quadratmeterzahl der Wohnfläche kalkuliert.)

5 Man kann doch nicht investieren und dieselben Mieten beibehalten.

6 Aus Angst, daß sie die Wohnung verlieren.

7 (a) Der Reporter macht daraus eine große Geschichte, vielleicht sogar eine Serie, wie es insgesamt aussieht.

   (b) BILD will ja nicht immer nur Einzelmißstände darstellen, sondern die Situation insgesamt aufzeigen.

8 Nein, er denkt, er ist nur Vermittler. Er muß nur für das pünktliche Erhalten der Mieten, für den Vordergarten und für das Treppenhaus sorgen.

9 Er spricht von dem Terrorismus den Mietern gegenüber. Nein, diese Terroristen (Hausbesitzer) laufen alle frei rum, und kein Steckbrief warnt vor ihnen.

10 Als unangreifbare Mannschaft.

# Lektion Sieben

## Übung A

The composition was so bad that one could only listen to it if one were deaf.

Die Komposition war so schlecht, daß man nur zuhören konnte, wenn man taub war.

## Übung B

1 Man kommt kaum an die Karten heran. Außerdem sind sie so teuer, daß die Bayreuther (selber/selbst) sie sich nicht leisten können.
2 Die Musik ist für sie zu laut./Als laut und störend
3 Er war mit einer Tochter von Wagner verheiratet/Er war Wagners Schwiegersohn.
4 Chamberlains Buch „Die Grundlagen des 19. Jahrhunderts" war Hitlers Bibel. (Er war ein britischer Rassenapostel und hatte Schuld an Hitlers Rassentheorien.)
5 Liszts Tochter Cosima war Wagners Frau/Liszt war Wagners Schwiegervater.

## Übung C

|  |  |
|---|---|
| aus einem Grund | for one reason |
| wegen der Wagner-Festspiele | because of/on account of the Wagner festival |
| für Musikliebhaber | for music-lovers |
| man kommt kaum an die Konzertkarten heran | you can hardly get hold of the tickets |
| bei uns | among us/with us |
| mit seiner lauten Musik | with his loud music |
| Haus von Wagner | Wagner's house |
| ich bin noch nie auf die Idee gekommen | it has never occurred to me |
| meiner Meinung nach | in my opinion |
| Musik von Wagner | Wagner's music |
| zum Zuhören | to listen to |
| mit den Namen kann ich nichts anfangen | the names don't mean anything to me |
| hat eine Menge Schuld an Hitlers Rassentheorien | bears quite a lot of the blame for Hitler's racial theories |
| Komponist von großartigen Werken | composer of splendid works |
| was haben die mit Bayreuth zu tun? | what have they got to do with Bayreuth? |

148

| | |
|---|---|
| Zentrum bei allem | centre/focus in all this |
| Tochter von Liszt | Liszt's daughter |
| Töchter aus erster Ehe | daughters from her first marriage |
| Töchter aus zweiter Ehe mit Wagner | daughters from her second marriage to Wagner |
| eine von diesen | one of these/them |
| vor lauter Konzentration | with concentrating so hard/for sheer concentration |
| etwas über seinen Einfluß auf Hitler | something about his influence on Hitler |
| Buch über | book about |
| unter großem Streß | under great strain |
| mit der jungen Wagner-Witwe | with the young widow of Wagner |
| Schwiegertochter von Richard Wagner | Richard Wagner's daughter-in-law |
| auf Hochdeutsch | in proper (plain) German (= not to put too fine a point on it) |
| Hilfe von verschiedenen Engländern | help from various English people |
| platt vor Erstaunen | flabbergasted (with astonishment) |
| Papier zum Schreiben | paper to write on |
| mit diesem Papier | with this paper |
| vor lauter Schrecken | for absolute horror |
| beim Interview | in the interview |
| beim Interviewen | when interviewing |
| an meinen Antworten merkten Sie | you noticed from my answers |
| Ihnen gegenüber | compared with you |
| zum Interviewer wurde | became the interviewer |
| unter diesen Bedingungen | under these/such conditions, in these/such circumstances |
| auf Nicht-Wiedersehen | wishing not to meet you again (play on words: **auf Wiedersehen** = goodbye) |

## Übung D

**von** (jungen Komponisten bedrängt)
**über** (ihr Tonschaffen)
**durch** (einflußreiche Freunde)
(wartete) **auf** (das Urteil)

# Lektion Acht

## Übung A

1 Lore. Sie denkt, es gibt Vorurteile gegenüber den Deutschen:
  (a) Nazivergangenheit und Holocaust
  (b) die Deutsche Demokratische Republik (DDR) und ihr Untergang
  (c) Rassismus
  (d) deutsche Urlauber und ihr Benehmen am Strand
  (e) sie ist selbst eine ehemalige DDR-Bürgerin
2 Dinge, die in Deutschland tabu wären, sind Gegenstand einer englischen Komödie, sie können sehr krass und sehr grotesk sein.
3 Alex war oft in England, kennt die Engländer als freundliche Menschen und hat keine Komplexe.

## Lesetext 2

1 (angewiesen) auf; 2 (begeistert) von; 3 (typisch) für; 4 (zuständig) für; 5 (ärgerlich) darüber; 6 (interessiert) an; 7 (zuständig) für; 8 (sprachlos) vor; 9 (wütend) darüber; 10 (gespannt) auf; 11 (charakteristisch) für; 12 (froh) über; 13 (vorbereitet) darauf; 14 (gewöhnt) an; 15 (schuld) an; 16 (gespannt) auf; 17 (neugierig) auf; 18 (gespannt) auf; 19 (blaß) vor; 20 (empfindlich) gegen; 21 (begeistert) von; 22 (unglücklich) über; 23 (berechtigt) dazu; 24 (verliebt) in; 25 (überzeugt) davon; 26 (interessiert) an; 27 (gleichgültig) gegenüber; 28 (bereit) dazu; 29 (tieftraurig) über; 30 (charakteristisch) für

## Übung B

1 (b); 2 (c); 3 (b); 4 (a); 5 (a); 6 (c)

# Lektion Neun

## Übung A

You have either read or heard this conversation. Hugo Wiener has pointed out in an entertaining way several characteristic features of the Austrian spirit. We have to start with the scene in a typical Viennese coffee-house. You would expect the ordering of Sacher gateau (a Viennese speciality), for instance, and good fresh coffee. But no, these ladies come to drink milk, mineral water and decaffeinated coffee, and one of them even demands a stale roll.

We observe not the least bit of Viennese elegance in their dress. But they do show off! First of all – and this is almost normal in that age bracket – with the professions of their husbands. The waiter, and consequently also the other customers in the coffee-house, are bound/forced to hear that they are 'Frau Professor', 'Frau Generaldirektor' and 'Frau Hofrat'. Next comes a favourite German–Austrian topic: illnesses, operations, specialists and methods. Who has to suffer the most, who has the best and most distinguished doctor, who has undergone the most interesting operations?

Have you, the reader or listener, noticed that there exists (a) medical terminology which is for the most part not understood, and another everyday one which ordinary people use? One/An example of this is the difference which the Frau Generaldirektor makes between the Frau Professor's appendix operation and her own 'septic/acute appendicitis'. In English there is only one expression.

And very probably you would have had to look up stomach, ulcer, diabetes, tonsils, adenoids, hip joint and dislocation (if you had not had the vocabulary list), wouldn't you? Gallstones you could most likely guess, but what the Frau Generaldirektor's quite special ones are ...?

## Übung B

Im Gegenteil, der Urlauber **verträgt** es oft in keinster Weise, einfach in den Süden an irgendeine Riviera zu fahren. Man tut es oft, um den Nachbarn zu **beeindrucken**, man **beachtet** die Mode, aber die Sonne z.B. **verletzt** die Haut. Wenn man den ganzen Tag am Strand liegt und sich sonnt, dann **fördert** man keineswegs seine Gesundheit damit. Auch das Essen ist oft mit Vorsicht zu genießen. Man kann **sich auf** die Hygiene nicht unbedingt **verlassen**, und nachdem man einen durchaus appetitlich aussehenden Salat gegessen hat, **bekommt** man oft Magenschmerzen.

Die jüngste Mode jedoch bietet sehr ‚gesunde' Bauernhausaufenthalte in Niedersachsen an. Man **empfindet** sie **wie** eine echte Erholung. Tourismus auf dem Lande **fördert** die Landwirtschaft. Die Bauern **bedrohte** finanzieller Ruin, sie mußten ihre Hilfskräfte **entlassen**, weil sie sich einfach nicht über Wasser halten konnten. Aber durch die neue Sorge um die allgemeine Gesundheit haben sich Urlaubsvorstellungen geändert. Der Urlaub auf dem Bauernhof, oft auch „Heu-Hotel" genannt, ist zu einer Alternative geworden. Der Gast wird **mit** Möglichkeiten **präsentiert** zu reiten, zu angeln, Tennis zu spielen und auf die Jagd zu gehen. Ganze Familien **treffen** auch andere Familien auf kinderfreundlichen Familienhöfen.

Oft wird Wert auf Diät- oder Vollwertkost gelegt. Auch das ist kein Problem, hier sorgen die Gastgeber dafür, daß solche Gäste das Essen **genießen**, der Aufenthalt wird ihnen im wahrsten Sinne des Wortes schmackhaft gemacht. Kinder im Alter bis zu elf Jahren werden in Nachtlagern auf Heu und Stroh für nur 11,11 Mark **untergebracht**. Auch die Eltern solcher Kinder **begünstigt** man sehr. Sie bezahlen nur 16,16 Mark pro Nacht auf Heu und Stroh. Diese Preise gelten nur für die Leute, die die entsprechende Organisation **benutzen**. Und mancher hat behauptet, er **möge** diese Art von Ferien besser, und er habe besser geschlafen als in einer Nobel-Herberge an der Riviera ...

## Übung C

1 Man soll abnehmen können./Der Körper verbrennt überflüssige Kalorien.
2 Nein, man muß tagsüber weniger Kalorien zu sich nehmen.
3 Es enthält den homöopathischen Kalorien-Verbrenner Fucus. Man trinkt einfach 15 Tropfen mit einem Glas Wasser.
4 Die „S-Formel" bremst tagsüber Appetit und Heißhunger.
5 Vor jedem Essen.
6 Man soll 5 Tropfen GRACIA *Novo* S vom Handrücken aufnehmen.
7 Jedes Alter ist betroffen./Mit 30 sowohl wie mit 60
8 Tageshektik, Erschöpfung, Veränderungen im täglichen Lebensrhythmus
9 Der Kreislauf
10 Nein, es handelt sich um Rektalkapseln, die wie Zäpfchen eingeführt werden.
11 Bei Schilddrüsenüberfunktion, Herzklappenverengung oder Herzrhythmusstörungen
12 Herzklopfen
13 Mit einer Maschine oder einer Türklinke/-angel oder ähnlichem.
14 Wenn einem das Treppensteigen schwerfällt/Man hat Schmerzen/Beschwerden in den Knochen, weil sie ungeschützt aufeinander reiben.
15 Nein, **Caye** ist ein Balsam/eine Creme.
16 Bei Schwangerschaft, Stillzeit, Säuglingen, Kleinkindern, vorgeschädigter Niere, großflächigen Langzeitbehandlungen
17 Weniger Beschwerden, bessere Beweglichkeit
18 Überempfindlichkeitsreaktionen, Brennen der Haut

## Lektion Zehn

### Übung A

1 Das Münchener Oktoberfest, Fasching/Karneval, das Starkbierfest, Schützenfeste, Weinfeste
2 Nein, die Briten haben keinen großen Sinn für Feste.
3 Sie finden Ende Mai–Anfang Juni statt. Es gibt Bierzelte, Schießen und einen Schützenkönig und eine Schützenkönigin.
4 An den Rhein oder/und an die Mosel
5 Daß man sich verkleiden muß
6 Zum Karneval nach Köln

## Übung B

1 darüber; 2 daran; 3 mit; 4 an; 5 darauf; 6 auf; 7 mit; 8 damit; 9 damit; 10 von; 11 auf; 12 mit; 13 daran; 14 darauf; 15 womit; 16 um; 17 daran; 18 nach; 19 auf; 20 an; 21 an; 22 in; 23 für; 24 Aus; 25 dafür; 26 Mit; 27 auf; 28 zum; 29 darauf; 30 an; 31 nach; 32 nach; 33 dafür; 34 davon; 35 über; 36 davon; 37 davor; 38 dafür; 39 mit; 40 darüber; 41 nach; 42 von; 43 davon; 44 darin; 45 vor; 46 davor; 47 darüber; 48 davon; 49 über; 50 über; 51 vor; 52 davor; 53 für; 54 um; 55 an; 56 darauf

## Übung C

| ¹B | ²E | ³R | U | F | S | ⁴B | E | R | A | T | E | R | ⁵W | A | ⁶S | ⁷C | H | ⁸V |
|---|---|---|---|---|---|---|---|---|---|---|---|---|---|---|---|---|---|---|
| ⁹E | R | D | E | ■ | ¹⁰R | O | ¹¹B | ¹²E | ¹³L | ¹⁴O | ¹⁵S | ¹⁶B | E | R | E | I | T | E |
| T | ¹⁷A | ¹⁸Z | U | ¹⁹B | I | C | ²⁰A | L | U | M | I | ²¹N | I | ²²U | M | R | ²³R | R |
| R | R | U | ²⁴K | U | C | K | U | C | K | A | ²⁵E | I | N | M | M | C | A | W |
| I | Z | ²⁶R | E | C | H | T | ²⁷E | H | E | ²⁸O | ²⁹D | E | R | S | E | A | T | A |
| ³⁰E | T | ³¹A | T | H | ³²T | ³³A | L | A | R | ³⁴V | E | R | F | A | L | L | E | N |
| ³⁵B | E | I | ³⁶D | I | E | B | S | ³⁷T | ³⁸A | H | L | ³⁹E | L | T | E | R | N | D |
| ⁴⁰O | ⁴¹S | S | I | ⁴²U | R | T | E | I | L | ⁴³B | I | L | D | ⁴⁴Z | ⁴⁵E | I | T | T |
| ⁴⁶P | O | L | ⁴⁷I | ⁴⁸Z | I | S | T | E | L | ■ | ⁴⁹K | A | R | R | I | E | R | E |
| ⁵⁰C | H | I | R | U | R | G | ■ | ⁵¹R | I | E | T | ■ | ⁵²Z | I | E | L | ■ | |

# German word index

# Topic index